행복한
논술 초등학교 4학년

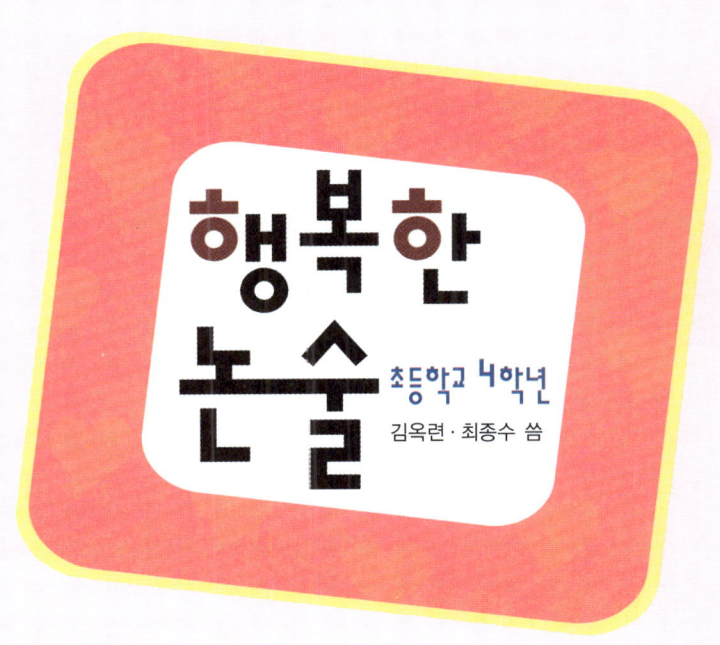

행복한
논술 초등학교 4학년

김옥련 · 최종수 씀

역민

열어가는 말

저는 아이들과 함께 책을 읽고, 토론하고, 아이들이 쓴 글을 봐주고, 또 그 속에서 저 자신도 배우고 있습니다. 그래서 아이들과 함께 발전하고 있다고 믿고 있습니다. 아이들을 가르치는 것은 기쁨이고, 저는 세상을 보는 맑은 창 하나를 더 갖고 있는 행복을 누리고 있다고 생각합니다.

아이들과 함께 글감을 고르고, 새로운 책을 찾아내고, 시사적인 기사를 재빠르게 다루고, 계절이 바뀔 때마다 현장 학습을 하면서, 샘솟는 아이디어를 현실에 맞추어 봅니다. 이 과정에서 가장 훌륭한 글쓰기 선생님은 아이들의 부모라는 사실을 깨달았습니다. 그래서 부모님들에게 독서와 글쓰기에 모범이 되어 달라고 강조해 왔습니다.

한편으로, 글쓰기 교육은 정신, 영혼을 건드리는 일이기 때문에 두렵기도 한 일입니다. 글이란 것이 바로 우리의 삶을 가장 간단하고 정확하게 보여주는 것이기 때문입니다. 그러나 저는 두렵기는 해도 계속 이 길을 가고자 합니다.

독서와 글쓰기는 자기 정리, 자기 치유, 자기 만족을 거쳐 자기 완성에 이르는 길을 찾아가는 과정이라고 할 수 있습니다. 이러한 단계를 거치면서 느끼는 성취감과 행복감은 그것을 진지하게 해 본 사람만이 압니다. 어려서부터 이러한 것을 경험한 어린이의 장래는 보다 밝을 것입니다.

글쓰기는 현실적으로 대학입시 통합논술시험의 준비 과정이기도 합니다. 그러나 책을 읽고 글을 쓰는 것이 사람이 살아가는데 정말로 필요하고 중요한 일이기 때문에 대학입시의 한 부분을 차지하는 것이지, 대학입시와 관련이 있기 때문에 책을 읽고 글을 써야 하는 것은 아닙니다. 독서와 글쓰기는 인간 본질의 문제이지, 입시의 문제가 아닙니다.

　그 동안 저를 믿고 따라준 아이들에게 고마움을 전하며, 또 옆에서 지켜보며 아이들에게 용기를 주고 격려를 아끼지 않은 부모님들에게도 깊은 감사의 마음을 드립니다. 모두 행복한 미래와 행복한 논술의 길을 가기 바랍니다.

2007년 봄에
김옥련 드림

일러두기

이 책에는 몇 가지 목표가 있습니다. 그 목표를 위해 우리 모두 열심히 책도 읽고 글도 써 보고 이야기도 해 봅시다.

첫째, 부모와 아이들이 이 책을 함께 읽고 대화의 자리를 마련하자는 것입니다. 부모와 아이들의 진지한 대화야말로 우리가 바라는 가장 높은 목표입니다.

둘째, 이 책은 12개월 동안 월별로 주제를 가지고 있습니다. 월별 주제에 따라 다양하고 깊이 있는 책을 읽음으로 정서의 폭을 넓혀야겠습니다.

셋째, 글쓰기에 있어서 제목, 처음, 중간, 마지막으로 나누어서 쓰고, 하고 싶은 말을 분명히 하여 체계적으로 사고를 정리하자는 것입니다.

마지막으로, 독서는 끊임이 없어야 합니다. 여기에서 읽어야 할 책들은 일 주일에 한 권, 한 달에 4권, 일 년에 48권입니다. 글쓰기는 한 달에 한 번입니다. 생활의 규칙화와 독서의 일상화를 함께 이루는 것이 이 책의 목표입니다.

이런 목표를 가지고, 순서에 따라 책을 읽고 글을 쓰다 보면, 이 책이 통합적 자기 주도 학습의 독서·논술 프로그램임을 알게 될 것입니다. 이 전체 프로그램을 다 익히면 어느새, 책에 대한 감각이 생기고, 독서에 대한 경향성을 파악하고, 글쓰기의 이유와 방향까지 알게 됩니다. 그렇게 되면 아이들은 얼마나 큰 기쁨과 보람이 생겨나는지 스스로 놀랄 것입니다. 그것은 여러분의 노력에 대한 보답입니다.

2007년 봄에

최종수 드림

차 례

열어가는 말 ···4
일러두기 ···6

족집게 가르침

하나 읽기, 쓰기 그리고 논술 ···15
1. 좋은 책 제대로 읽기 ···16
2. 쓰기 전에 알아야 할 것들 ···19
3. 논술이란 무엇인가 ···28

둘 독후감 쓰기 ···33
1. 제목은 어떻게 정하나요? ···34
2. 글의 처음은 어떻게 시작하나요? ···35
3. 글의 본론은 어떻게 쓰나요? ···40
4. 글의 끝맺음은 어떻게 하나요? ···44
5. 글은 어떻게 다듬나요? ···45
6. 글은 어떻게 고쳐 쓰나요? ···47

한 달에 네 권 읽고 한 번 쓰기

3월 생명의 달 ···53
〈나무를 심은 사람〉〈마지막 거인〉〈할미꽃은 봄을 세는 술래란다〉〈흰빛 검은빛〉 ···54
독후감 예문 : 흰빛 검은빛의 슬픈 운명 −〈흰빛 검은빛〉을 읽고 ···58
쓰기 ···59

4월 과학의 달 ···63
〈석주명〉〈물고기 박사 최기철 이야기〉〈새 박사 원병오 이야기〉
〈옥수수 박사 김순권 이야기〉 ···64
독후감 예문 : 끈기를 가진 석주명 −〈석주명〉을 읽고 ···68
쓰기 ···69

5월 가정의 달 •••73
〈우리 이모는 4학년〉〈쌀뱅이를 아시나요〉〈아주 특별한 우리 형〉
〈당산나무 아랫집 계숙이네〉 •••74
독후감 예문 : 감동적인 이웃 이야기 ―〈우리 이모는 4학년〉을 읽고 •••78
쓰기 •••79

6월 어울림의 달 •••83
〈아주 작은 학교〉〈프린들 주세요〉〈로테와 루이제〉〈영구랑 흑구랑〉 •••84
독후감 예문 : 쌍둥이의 계획 ―〈로테와 루이제〉를 읽고 •••88
쓰기 •••89

7월 자연의 달 •••93
〈곤충의 비밀〉〈뒷뚜르 이렁지의 하소연〉〈하늘로 날아간 집오리〉〈우리 집 밥상〉 •••94
독후감 예문 : 촌놈 ―〈우리 집 밥상〉을 읽고 •••98
쓰기 •••99

8월 환상의 달 •••103
〈어린이 산해경〉〈명화 그리스 신화〉〈마녀 바바야가가 살던 나라〉
〈찾아라, 고구려 고분벽화〉 •••104
독후감 예문 : 잃어버린 고구려 고분벽화 ―〈찾아라, 고구려 고분벽화〉를 읽고 •••108
쓰기 •••109

9월 독서의 달 •••113
〈시튼 동물기 1~5〉 •••114
독후감 예문 : 혼자 자란 삶 ―〈시튼 동물기〉 중에서 '고독한 회색곰 왑'을 읽고 •••116
쓰기 •••117

10월 예술의 달 •••121
〈세계의 음악 50선〉〈안녕, 내 친구 루트비히 판 베토벤〉〈우리 그림 진품명품〉
〈연필을 잡으면 그리고 싶어요〉 •••122
독후감 예문 : 솔직함을 그리는 감동 ―〈연필을 잡으면 그리고 싶어요〉를 읽고 •••126
쓰기 •••127

11월 인물의 달 •••131

〈해상왕 장보고〉〈영원한 지식인 정약용〉〈루이 브라이〉〈내가 사랑한 침팬지〉 •••132

독후감 예문 : 참된 인생 루이 브라이 –〈루이 브라이〉를 읽고 •••136

쓰기 •••137

12월 민속의 달 •••141

〈일만이천봉 이야기 고개〉〈소금장수의 재주〉〈밥 힘으로 살아온 우리 민족〉
〈쩌우 까우 이야기〉 •••142

독후감 예문 : 없으면 안되는 우리 음식 –〈밥 힘으로 사는 우리 민족〉을 읽고 •••146

쓰기 •••147

1월 소망의 달 •••151

〈저 하늘에도 슬픔이〉〈머피와 두칠이〉〈누가 호루라기를 불어줄까〉
〈별을 사랑하는 아이들아〉 •••152

독후감 예문 : 우리 같이 내일을 찾아보자 –〈별을 사랑하는 아이들아〉를 읽고 •••156

쓰기 •••157

2월 생각의 달 •••161

〈선생님의 밥그릇〉〈생명이 들려준 이야기〉〈산소처럼 소중한 정호승 동화집〉
〈시가 말을 걸어요〉 •••162

독후감 예문 : 담뱃갑 은종이에 그린 그림 –〈선생님의 밥그릇〉 중에서 '나들이 하는 그림'을 읽고 •••166

쓰기 •••167

지은이 소개 •••170
그린이 소개 •••178
옮긴이 소개 •••183

찾아보기 •••185
정답 •••187

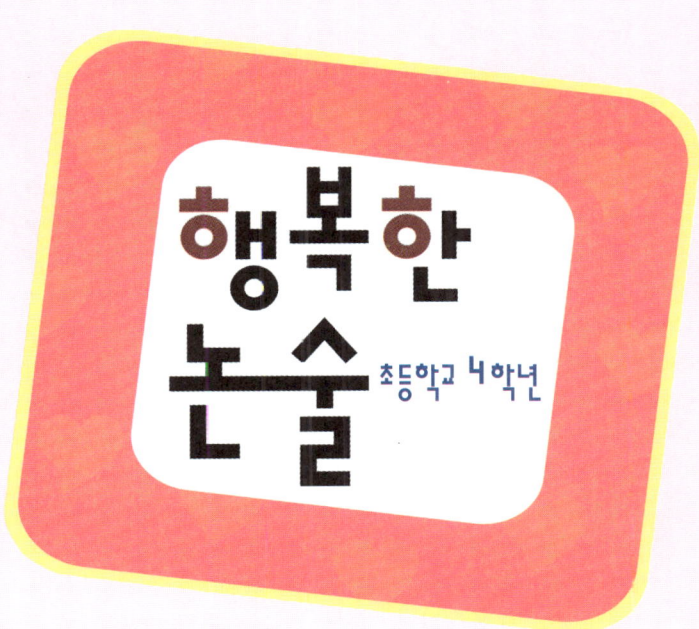

행복한
논술 초등학교 4학년

족집게 가르침

하나

읽기, 쓰기 그리고 논술

올바른 독서와 글쓰기 습관은 지금부터 바르게 익혀 나가야 합니다.
나아가 체계적인 논술의 기초도 마련해야 합니다.

1. 좋은 책 제대로 읽기
2. 쓰기 전에 알아야 할 것들
3. 논술이란 무엇인가

1. 좋은 책 제대로 읽기

책을 읽어야 한다는 것은 누구나 알고 있고, 그렇게 하고자 애쓰고 있습니다. 그러나 실천은 쉽지 않습니다. 책 읽기를 생활화하고 책으로부터 유익함을 얻기 위해서는 좋은 책을 제대로 읽어야 합니다. 책을 읽어야 하는 이유, 좋은 책에 대한 정보, 올바른 책 읽는 자세를 알아봅니다.

1) 책은 왜 읽어야 하나요?

책은 '인류가 인류에게 물려준 가장 위대한 유산' 입니다. 그러나 책의 가치를 아는 사람에게만 위대한 유산이 됩니다. 노력에 따라 얼마든지 그 유산을 내 것으로 만들 수 있습니다. 그래서 책을 읽어야 하는 것입니다. 책 속에는 과연 무엇이 있을까요?

첫째, 책에는 지식과 지혜가 담겨 있습니다. 나보다 먼저 지식이나 지혜의 산에 오른 사람들이 여러 정보를 제공하기 때문입니다. 둘째, 책을 읽으면 가지 않은 길, 해 보지 않은 일을 간접적으로 경험해 볼 수 있습니다. 우리는 살아가며 모든 것을 다 직접 경험할 수는 없습니다. 책을 통한 간접 경험이야말로 우리가 누릴 수 있는 특권입니다. 셋째, 책을 통하여 즐거움과 재미를 얻을 수 있습니다. 어떤 오락보다도 책이 가장 재미있다고 말하는 사람을 우리는 가끔 봅니다. 그 사람들의 말이 거짓말은 아닐 것입니다.

이외에도 책에서 얻는 이로움은 대단히 많습니다. 책을 많이 읽은 사람은 적게 읽은 사람보다 삶에서 오는 어려움을 헤쳐 나갈 방법을 훨씬 많이 안다고 할 수 있습니다. 또 풍부한 교양을 쌓은 덕분에 다양한 생활과 여가를 즐길 수 있는 기본 터를 훨씬 많이 닦아 놓은 셈입니다. 그리고 항상 책으로부터 새로운 것을 얻을 수 있다는 기대감을 가질 수 있습니다.

우리의 삶을 더 지혜롭게, 더 풍성하게, 더 즐겁게 하는 가장 빠르고 정확한 길은 책 속에 다 있습니다.

2) 어떤 책이 좋은 책인가요?

짜임새 있고 알찬 내용이 담긴 책이 당연히 좋은 책입니다. 내용이 별로 없거나 시대에 안 맞게 낡았거나 사실과 다르면 책으로서의 가치가 떨어집니다. 줄거리도 앞뒤의 전개가 맞고 재미가 있어야 합니다. 그리고 독자에게 지식이든 감동이든 확실하게 무엇인가를 전해 주어야 합니다.

책을 고를 때에는 무엇보다 자신의 독서 경험이 가장 중요합니다. 따라서 스스로 책을 고를 수 있는 안목을 갖추어야 합니다. 책에 대한 안목은 책을 많이 읽고, 읽은 책들을 비교해 보면 저절로 갖추어집니다.

좋아하는 작가나 믿을 수 있는 출판사의 책을 고르는 것도 한 방법입니다. 독서 관련 단체의 추천도서나 주변 사람들이 좋은 책이라고 권하면 그 점도 충분히 고려해 볼 일입니다.

그러나 아무리 좋은 책이라 해도 자신의 수준에 맞아야 합니다. 자신의 독서 수준보다 너무 높은 책을 읽으면, 책에 대한 흥미를 잃을 수도 있습니다. 특히, 아직 책에 재미를 못 붙인 친구들은 자신의 관심과 흥미에 맞는 분야 중에서 자기에게 맞는 적당한 책을 고르는 것이 좋습니다.

3) 책은 어떻게 읽어야 하나요?

책을 읽을 때에는 맑은 정신과 바른 자세로 읽어야 합니다. 이것은 책에 대한 예의인 동시에 자신에 대한 예의입니다. 왜냐하면 책을 읽는다는 것은 오로지 혼자서 하는 일이기 때문입니다.

책을 읽을 때는 즐거운 마음으로, 적극적으로 읽어야 합니다. 이 생각 저 생각 하지 말고 맑은 정신으로 집중력을 가지고 읽어야 합니다. 그래야 책의 내용을 완전히 흡수하며 읽을 수 있습니다. 억지로, 읽으라고 하니까 마지못해 읽을 필요는 없습니다. 그리고 너무 책에 빠져 생활의 리듬을 깨뜨려서는 안 됩니다. 책 때문에 실제의 생활에 소홀함이 있어서는 안 되기 때문입니다.

책은 책상 앞에서 의자에 앉아 보는 것이 가장 좋습니다. 배의 각도가 70~80° 정도 되도록 약간 구부리고 읽습니다. 이 자세가 싫증나면 100~120° 정도로 몸을 약간 뒤로 제치고 읽어도 좋습니다. 가슴과 허리를 활짝 펴고, 책과 눈과의 거리는 30~40센티미터 정도 되게 합니다. 어두운 곳이나 흔들리는 곳에서 책을 읽어서는 안 됩니다. 책을 책받침대에 올려놓고 보는 것도 좋습니다.

책을 읽을 때는 객관적으로 침착하게 읽어야 할 경우도 있지만, 책 속에 완전히 빠져들어 내가 주인공이 되거나 책을 쓰고 있는 듯한 기분 속에서 읽을 때도 있습니다. 어느 것이라도 좋습니다. 마음 흘러가는 대로, 기분 나는 대로 책에 맡겨 놓고 읽으면 됩니다. 책과 내가 하나가 되어 읽는 것이 최상의 독서 방법이기 때문입니다.

마지막으로, 책을 다 읽고 나면 지금까지 읽은 것을 잠시 되새겨 봅니다. 줄거리와 주인공, 인상적인 장면이나 내용들, 나의 느낌, 감동, 또는 아쉬운 점 등을 마음속에 다시 한번 그려 봅니다.

2. 쓰기 전에 알아야 할 것들

좋은 책을 읽고 그것을 흐지부지 잊어버리거나 마음속에 넣어두기만 한다면 아까운 일입니다. 말로 표현할 수도 있고, 글로 표현할 수도 있어야 합니다. 말로 표현할 때는 조리 있게 말하면 되겠지만, 글로 쓰려면 쓰기에 앞서 몇 가지 알아야 될 사항과 지켜야 할 법칙이 있습니다. 그것들을 충분히 이해하고 글쓰기를 시작하는 것이 좋습니다.

1) 글에는 어떤 종류가 있나요?

글은 크게 나누면 실생활에 필요한 글인 실용문과 문학적인 글인 문예문으로 나눌 수 있습니다. 실용문에는 설명문, 보고문, 논설문, 독후감 등이 있고, 문예문에는 시, 소설, 수필, 희곡 등이 있습니다. 어린이를 위한 글인 동시, 동화도 있습니다.

⑴ 실용문과 문예문

실용문은 실제 생활에서 필요한 글이기 때문에 간단하고 정확하고 구체적이어야 합니다. 실용문에는 특별한 형식이 있는 것은 아닙니다. 글마다의 특성과 상황에 따라 가장 편안하고 효과적인 방식을 택하면 됩니다.

문예문은 문학적인 글이므로 창작성과 아름다움이 있어야 합니다. 그리고 감동을 주어야 합니다. 어린이의 독서는 이러한 문학 작품부터 시작하는 것이 좋습니다. 문학적인 글들을 읽음으로써 감정이 풍부해지고 재미를 느껴 책에 대한 관심이 더욱 높아지기 때문입니다.

그러나 실용문이라고 해서 글의 아름다움을 나타내기 위한 여러 표현법이 전혀 없는 것은 아니고, 문학적인 글이라고 해서 문학적인 아름다움만 좇지는 않습니다. 글의 종류와 내용에 따라 표현이 달라질 수 있습니다.

(2) 운문과 산문

문학적인 글에는 형태에 따라 운문과 산문(줄글)이 있습니다. 운문에는 시(동시), 시조 등이 있고, 산문에는 소설(동화), 수필 등이 있습니다. 운문이 아닌 글은 모두 산문이라고 할 수 있습니다.

운문이란 운율이 있는 글을 말합니다. 운율이란 무엇일까요? 글에서의 운율은 일정하게 느껴지는 가락을 말합니다. 율동감이라고도 할 수 있습니다. 운율을 나타내기 위해서는 같은 글자나 같은 낱말을 반복하기도 하고 같은 수의 글자를 되풀이하기도 합니다. 움메움메, 철썩철썩 같은 소리시늉말과 펄럭펄럭, 살랑살랑 같은 모양시늉말도 운율이 있는 말입니다. 옛 시나 시조 등에서는 운율이 엄격하게 지켜졌으나 요즈음의 글에서는 훨씬 느슨하게 지켜집니다.

시 한 편과 시조 한 편을 감상하며 운문의 가락을 느껴 볼까요?

금잔디

김소월

잔디, 잔디, 금잔디
심심산천에 붙는 불은
가신님 무덤가에 금잔디
봄이 왔네, 봄빛이 왔네
버드나무 끝에도 실가지에
봄빛이 왔네, 봄날이 왔네
심심산천에도 금잔디에

단심가

정몽주

이몸이 죽고죽어 일백번 고쳐죽어
백골이 진토되어 넋이라도 있고없고
임향한 일편단심이야 가실줄이 있으랴

'잔디, 금잔디, 심심산천에, 봄이, 봄빛이, 봄날이, 왔네' 이런 낱말들이 박자에 맞게 반복되고 있습니다. 또 아래 네 줄의 마지막 글자를 볼까요? '-네, -에, -네, -에' 로 끝났습니다. 이런 것들이 운율입니다. 그래서 시가 노래 부르듯이 읽혀지고 있습니다. 다시 한번 가락을 맞춰 가며 읽어 보세요. 봄빛 가득한 잔디에 앉아서 운문의 묘미에 흠뻑 빠지는 기분을 느끼게 될 것입니다.

시조는 글자수가 첫째 줄 3-4-3-4, 둘째 줄 3-4-3-4, 마지막 줄 3-5-4-3이 되어야 합니다. 물론 조금의 예외는 있습니다. 글자수에 따른 가락에 맞추어 다시 한번 시조를 읊어 보세요. 나라와 임금님을 생각하는 신하의 변하지 않는 마음이 운율에 따라 느껴질 것입니다.

2) 원고지에는 어떻게 써야 하나요?

(1) 원고지에 쓰기

우리글은 원고지에 쓰는 것을 원칙으로 하고 있습니다. 맞춤법과 띄어쓰기, 문장이나 문단 나누기 등 글을 쓰는 원칙이 가장 정확하게 나타나기 때문입니다. 물론 요즈음은 컴퓨터에 입력하여 쓰는 방법도 있지만 이때에도 원고지에 쓰는 원칙을 그대로 따라야 합니다. 원고지에 쓰는 순서는 제목, 소속과 이름, 그리고 본문입니다.

(2) 제목 · 이름 쓰기

원고 첫 장에 가장 먼저 들어가는 것은 당연히 제목입니다. 제목은 위에서 한 줄 띄고 두 번째 줄 원고지 중앙에 씁니다. 그 다음은 소속과 이름으로, 오른쪽 끝에 맞추어 씁니다. 그 다음에 한 줄 띄고 본문을 시작합니다.

		자	유	를		위	해		치	러	야		하	는		대	가		
		-	〈	머	피	와		두	칠	이	〉	를		읽	고				
								고	양	시		대	한	초	등	학	교		
								4	학	년		3	반		홍	길	동		
		머	피	는		주	인	의		사	랑	을		받	는		애	완	견이
고	,	두	칠	이	는		시	골	집	에	서		흔	히		기	르	는	
똥	개	입	니	다	.														

위의 방법 말고, 제목을 쓰고 그 다음 줄에 학교 이름은 오른쪽 끝에서 세 칸, 이름은 오른쪽에서 두 칸 띄워서 쓰는 방법도 있습니다(교과서 5-1 〈말하기 · 듣기 · 쓰기〉 참조).

						태	극	기	에		담	긴		뜻					
						제	주		초	록		초	등		학	교			
							5	학	년		3	반		이	지	훈			
		나	는		태	극	기	에		담	긴		뜻	에		대	하	여	자
세	하	게		알	고		싶	어	서		여	러		가	지		자	료	를 ∨
찾	아	보	고	,		새	로		안		내	용	을		정	리	하	였	습니
다	.																		

다시 말해, 큰 제목을 중앙에 두고, 그 아래 학교 이름, 학년과 반, 이름 등은 원고지 오른쪽에 치우쳐 쓰면 모두 맞는 방법입니다.

(3) 문단 나누기

제목과 이름을 쓰고 나면 그 다음에는 본문을 쓰게 됩니다. 본문은 5~7개의 문단으로 나누어 쓰는 것이 보통입니다. 문단이란 한 가지 내용으로 줄을 바꾸지 않고 쓰는 부분으로 단락이라고도 합니다. 각 문단의 분량도 비슷한 것이 좋습니다. 글 전체가 200자 원고지 4~5매라고 하면 각 문단은 원고지 1매가 조금 못 되게 쓰면 될 것입니다.

첫 번째 문단은 들어가는 말, 그 다음 3~5개의 문단은 하고 싶은 말, 마지막 문단은 맺는말의 순서로 하는 것이 일반적입니다. 들어가는 말에서는 글을 쓰는 이유나 동기 등을 쓰고, 하고 싶은 말에서는 생각이나 느낌 등을 쓰고, 맺는말에서는 이 글의 결론이나 희망, 결심 등을 씁니다.

한 문단이 너무 길어져 같은 내용을 가지고 다시 두세 개의 문단으로 나누어야 할 경우도 생깁니다. 이때 내용이 같은 문단을 내용문단, 형식상 나눈 문단을 형식문단이라고 합니다.

(4) 문장 쓰기

마침표나 느낌표, 물음표가 나오면 한 문장이 끝나는 것입니다. 문장은 될 수 있는 대로 알기 쉽고 짧게 쓰는 것이 좋습니다. 그러나 너무 짧게만 쓰면 글 전체가 가벼워지고, 의미가 끊어지는 경우도 있습니다. 중간 문장, 긴 문장도 적당히 섞어 가며 쓰는 것이 좋습니다. 한 문단에 4~7개의 문장이 있으면 적당합니다.

위와 같은 모양으로 제목과 소속·이름을 쓰고 문단과 문장을 적당히 나누어 글을 쓰면 전체적으로 볼 때 안정감이 있고 체계가 잡혀 보입니다. 다시 말해 모양이 좋아 보인다는 말입니다. 모양이 좋아 보이면 내용도 이해하기 쉽고 좋겠지요.

3) 맞춤법, 띄어쓰기, 문장부호

한국 사람이 우리말인 한글을 제대로 쓰기가 그렇게 쉬운 일은 아닙니다. 문장은 커녕 우선 맞춤법과 띄어쓰기부터 어렵게 느껴집니다. 원고지에 막상 쓰려고 하면 더욱 막막하게 느껴지기도 합니다. 문법을 알아야 하고 쓰임도 제대로 알아야 하기 때문입니다. 그렇지만 기본 원칙은 있습니다. 기본만 알고 있으면 별로 어렵지 않은 것이 또한 한글입니다.

(1) 맞춤법
한글의 맞춤법은 쉬우면서도 어렵습니다. 그리고 이것은 오로지 기억과 훈련에 의해서만 정확하게 쓸 수 있습니다. 맞춤법을 올바르게 쓸 수 있는 길은 어려서부터 항상 정확한 단어를 쓰는 습관을 키우는 길뿐입니다. 그 대신, 맞춤법은 한번 정확하게 익히기만 하면 평생 쉽고 편안하게 글을 쓸 수 있습니다.

(2) 띄어쓰기
① 띄어쓰기의 큰 원칙은 조사(-은, -는, -이, -가, -을, -를 등)는 붙여 쓰고, 모든 낱말과 낱말 사이는 띄어 쓰는 것입니다.
② 문단 나누기
문단은 문장의 단락으로, 내용이 바뀌면 줄을 바꾸어 줍니다. 앞의 문단 마지막

문장 다음은 그대로 비워 둡니다. 그리고 줄을 바꾸어 다음 문단의 첫 칸을 비우고 쓰면 됩니다.

	그	날	밤	,	바	우	는		마	을	로		내	려	와		황
부	자	네		곳	간	에		살	살		기	어		들	어	가		온	갖	∨
귀	한		물	건	들	을		모	두		훔	쳐		달	아	났	다	.
	다	음	날		아	침	,	곳	간		문	이		열	려		있	고
그		안	에		있	던		물	건	들	이		모	두		없	어	진
것	을		안		황	부	자	는		화	를		불	같	이		내	고	,
아	랫	것	들	을		모	두		불	러		당	장		도	둑	놈	을
잡	아	오	라	고		호	령	호	령	했	다	.					

③ 원고지에서의 띄어쓰기

㉠ 줄의 끝 부분에서 띄어 써야 할 경우에는, 다음 줄의 첫 칸을 비우지 않고 앞 줄 끝 부분에 ∨표시를 해 줍니다.

	그	날	밤	,	바	우	는		마	을	로		내	려	와		황
부	자	네		곳	간	에		살	살		기	어		들	어	가		온	갖	∨
귀	한		물	건	들	을		모	두		훔	쳐		달	아	났	다	.

㉡ 큰따옴표나 작은따옴표가 들어간 대화글이나 끌어들인 말(인용 말)을 쓸 때는 첫 칸은 비우고 다음 칸에 따옴표를 쓰고, 셋째 칸부터 내용을 씁니다. 따옴표의 내용이 끝날 때까지 첫 칸은 비우고 씁니다.

	"	아	이	고	,	저	거		다		쏟	아	지	네	.	지	금		뭐
하	고		있	는		거	냐	.	힘	을		쓰	는		거	냐		안	∨
쓰	는		거	냐	?		내	가		미	치	지		미	쳐	.	"	

ⓒ 온점이나 반점은 한 칸에 쓰고, 다음 칸을 비우지 않습니다.

	그	러	니	까	,	그	렇	다	는		말	입	니	다	.	아	니	요	,
그	건		무	슨		말	씀	이	지	요	?	네	,	그	렇	게		되	었
습	니	다	.																

ⓓ 말줄임표나 말없음표는 한 칸에 3개씩 쓰고, 그 다음 칸에 온점을 찍습니다.

	어	쩌	다	가		그	런		일	이	…	…	.					

ⓔ 온점과 따옴표는 같은 칸에 쓰지만 물음표와 느낌표를 따옴표와 함께 쓸 때는 칸을 달리하여 나타냅니다. 그러나 느낌표나 물음표라 하더라도 줄의 맨 끝에서는 따옴표와 함께 씁니다.

＊온점과 작은따옴표가 함께 한 경우

	'	집	으	로		갑	니	다	.	'								

＊온점과 큰따옴표가 함께 한 경우

	"	집	으	로		갑	니	다	.	"								

＊물음표와 작은따옴표가 함께 한 경우

	'	집	으	로		간	다	?	'									

＊느낌표와 큰따옴표가 함께 한 경우

	"	집	으	로		가	는	구	나	!	"							

＊줄의 맨 끝에 따옴표가 올 경우

	"	집	으	로		동	생	들	과		더	불	어		가	는	구	나	? "

(3) 문장부호

① · 가운뎃점

쉼표와 연결되어서 다시 작은 단위로 나뉘어진 말을 연결할 때 씁니다. 그리고 주요하고 특별한 뜻을 나타내는 말에 씁니다.

예 1) 사과·배, 감·밤은 각각 상의 왼쪽과 오른쪽에 놓여 있었다.

예 2) 8·15광복, 3·1운동, 4·19의거

② : 쌍점

설명을 하거나 종류를 나열할 때 씁니다.

예 1) 민화 : 민간 전설이나 서딘 생활을 소재로 한 그림

예 2) 문방사우 : 붓, 종이, 먹, 벼루를 말한다.

③ / 빗금

서로 반대되는 뜻이나 분수를 나타낼 때 씁니다.

예 1) 고운 얼굴/미운 얼굴

예 2) 3/7

3. 논술이란 무엇인가

　요즈음 학생과 학부모들 사이에 독서와 논술에 대한 관심이 높습니다. 그 이유는 아이들 정서에 영향이 있고, 대학입시에 관련이 있기 때문입니다. 그렇다면, 이것은 학습에 버금가는 중요한 일이 아닐 수 없습니다.

　어떻게 해야 논술을 잘 할 수 있을까요? 지금부터 충분한 시간을 가지고 착실히 준비하는 방법밖에 없습니다. 논술은 시간이 많이 걸리는 독서라는 단계를 반드시 거쳐야 하고, 논거를 찾아 논리적인 글을 쓰는 데에 또 많은 훈련이 필요하기 때문입니다.

　다시 말해 논술이란 독서, 글쓰기, 논술 3단계를 얼마나 충실하게 이행했는가에 성패가 달려 있습니다. 여기에서 독서, 일반적인 글쓰기, 논술, 3단계의 기본적인 내용을 알아 봅니다.

1) 독서

　독서, 이 말이 새삼스레 많이 쓰이는 것은 논술 때문입니다. 독서의 기본 의미는 일단 접어두고, 장래의 입시와 연관지어 독서를 말한다면, 책을 폭넓고, 깊이 있게, 그리고 학교 교과서와 연관성을 가지고 읽어야 합니다.

　예를 들어, 〈시튼 동물기〉의 일부가 읽기 교과서에 나왔다면, 그 책 전부를 읽는다거나, 자연(과학) 교과와 연관시켜 동물이나 생태계에 대한 책을 읽는 것입니다. 그렇게 하면 전 교과서의 통합·심화 과정을 거치는 것이 됩니다.

　이런 습관이 길러지면 독서를 통해 저절로 '자기 주도적 학습' 이 이루어지게 됩니다. 그렇게 되면 스스로 독서하고 공부를 할 수 있는 여건이 만들어지는 것입니다.

　독서는 사람이 살아가는 데 필요한 것입니다. 단지, 이제 논술에 대비한 독서가 필요하다는 것을 인정해야 하는 때가 된 것입니다. 책을 많이 읽는 것 못지 않게 내용을 정확하게 이해하면서 생각하며 읽는 것이 중요합니다.

2) 글쓰기

글쓰기는 일기, 편지, 독후감, 백일장 글 등 일정한 기준과 쓰임에 따라 나눕니다. 종류에 따라 틀을 갖추고, 자신의 생각과 느낌을 알맞게 표현하면 됩니다.

이 글쓰기도 쉽지는 않습니다. 원고지나 공책을 앞에 두면 무엇을 어떻게 시작해야 할지 막막해 하는 어린이들도 많습니다. 표현력의 부족, 지식의 부족, 용기의 부족 등 여러 가지 이유가 있겠지만, 가장 중요한 것은 연습 부족입니다.

글쓰기의 어려움을 풀어가는 방법은 너무나 간단합니다. 자꾸 써 보면 됩니다. 안 써 보았기 때문에 두려운 것입니다. 내용을 잘 쓰고 못 쓰고는 나중입니다. 단 한 줄, 원고지 한 장이라도 완성하는 것이 글쓰기의 시작입니다.

원고지 한 장 쓰다 보면, 두 장 쓸 수 있게 되고, 두 장 쓰다 보면, 서너 장도 쓰게 됩니다. 분량이 어느 정도 되면, 차차 내용도 살펴보게 됩니다. 그러다 보면 글쓰기에 상당한 발전이 이루어지게 되는 것입니다.

글쓰기 훈련은 초등학교 때 가장 간단한 일기부터 시작하는 것이 좋습니다. 이때부터 글쓰기를 시작한 아이와 그렇지 않은 아이는 몇 년 지나면, 즉 중·고등학생이 되면 엄청난 차이가 나게 됩니다. 중·고등학생이 되어 그때 가서 글쓰기와 논술을 시작하려면 아주 힘든 작업이 됩니다. 글쓰기는, 모든 교과와 연관지어 생활 속에서 자연스럽게 익혀야 합니다.

3) 논술

논술이란 말을 풀어 쓰면 논리적인 서술이라고 할 수 있습니다. 이 말을 다시 풀이 하면 명확한 논리로 자기의 글을 쓰는 것이라고 할 수 있습니다.

논술은 넓게 보면 글쓰기에 포함되지만, 엄밀하게는 다릅니다. 글쓰기는 대개, 쓰는 사람 마음대로 주제나 내용을 선택할 수 있고, 구성도 뚜렷이 정해진 것이 없기 때문에 많이 자유롭습니다. 그러나 논술은 체계적이고 논리적이어야 하고, 논거가 확실해야 하고, 주장이 있어야 하고, 비판도 있어야 합니다. 형식과 내용에 엄격한 틀이 있는 것입니다.

논술이 중요시 되고 있으며 앞으로 더욱 그렇게 될 것입니다. 그런데 글쓰기도 잘 안 되어 있는 학생들이 갑자기 논술의 수준으로 올라가려 하니 학생이나 학부모나 교사들이 당황하는 경우도 적지 않습니다. 따라서 논술의 본질보다 기술적인 면에만 매달리게 되는 경우도 있습니다.

이 책은 초등학교 4학년 학생을 위한 책입니다. 여기에서 논술에 대한 것을 자세히 설명할 필요는 없습니다. 단지 우리의 일상적인 대화에서의 논리, 독서의 체계화 등이 논술의 밑작업이 되는 것이라 생각하면 됩니다.

논술에 대한 준비로 우리가 지금 할 수 있는 것은 나에게 알맞은 독서, 꾸준한 글쓰기, 평소에 생각 많이 하기 등입니다. 현재로서는 그것만으로도 충분합니다. 논술은 중학교, 고등학교로 진학해서 그때부터 본격적으로 해도 늦지 않습니다.

둘

독후감 쓰기

　책을 읽은 후, 그 책의 느낌을 글로 남기는 것을 독후감이라고 합니다. 독후감을 쓰는 것은 읽은 책을 자기 것으로 소화하고, 그 소화한 것을 마음의 양식이 되도록 하는 일입니다. 또, 나의 생각과 느낌을 다른 사람에게 보다 정확하게 전할 수 있어야 합니다. 그리고 독후감 쓰는 것을 시작으로 논술의 기초를 다질 수 있습니다.

1. 제목은 어떻게 정하나요?
2. 글의 처음은 어떻게 시작하나요?
3. 글의 본론은 어떻게 쓰나요?
4. 글의 끝맺음은 어떻게 하나요?
5. 글은 어떻게 다듬나요?
6. 글은 어떻게 고쳐 쓰나요?

1. 제목은 어떻게 정하나요?

– 제목은 사람으로 치면 얼굴입니다

　사람의 얼굴이 주는 첫 인상은 그 사람에 대한 느낌을 아주 크게 결정짓습니다. 글의 제목은 사람으로 치면 얼굴과 같습니다. 부드럽고 친근감을 주는 첫 인상 때문에 친구가 되는 것처럼, 매력 있는 제목 때문에 글에 관심을 가지고 계속 읽게 됩니다. 제목은 충분히 생각하여 자신만의 특별한 뜻을 살려서 정해야 합니다.

　제목을 정하는 것은 간단한 일 같지만 참으로 어려운 일입니다. 길이도 알맞아야 하고, 인상적인 느낌도 살려야 하고, 내용도 한 마디로 압축시켜야 합니다. 글의 제목을 정하는 것은 어린이에게나 작가에게나 쉽지 않은 일입니다.

　제목을 결정하는 시기는 아무 때라도 상관없습니다. 제목을 정해 놓고 글을 써도 좋고, 글을 쓰면서 제목을 정해도 좋고, 글을 다 쓴 다음에 정해도 좋습니다. 정해진 제목에 맞추어 글을 써야 하는 경우가 아니리면, 제목의 결정은 마지막까지 신중하게 생각하는 것이 좋습니다.

　제목은 큰 제목 하나만 써도 되고, 큰 제목과 작은 제목으로 나누어 써도 좋습니다. 큰 제목 하나만 쓸 때는 읽은 책의 제목을 쓰면 됩니다. 큰 제목과 작은 제목을 함께 쓸 때는 큰 제목은 글 전체의 중심 생각(주제)이나 자신의 인상적인 느낌을 살려서 쓰고, 작은 제목은 읽은 책의 제목을 써서 '-〈ㅇㅇㅇ〉를 읽고' 라고 하면 됩니다.

　큰 제목은 반드시 원고지 둘째 줄 중앙에 써야 합니다. 작은 제목은 큰 제목 바로 아래에 씁니다. 제목 끝에는 문장부호 즉, 마침표(.), 쉼표(,), 느낌표(!), 물음표(?) 등을 안 붙이는 것이 원칙이지만 꼭 붙이고 싶다면 느낌표나 물음표 정도는 붙여도 됩니다. 큰 제목이든 작은 제목이든 20자 이내로 하는 것이 좋습니다.

　　예 1. 〈할미꽃은 봄을 세는 술래란다〉를 읽고
　　예 2. 자유를 위해 치러야 하는 대가
　　　　 －〈머피와 두칠이〉를 읽고

2. 글의 처음은 어떻게 시작하나요?

- 글의 처음을 시작하는 다섯 가지 방법

하나의 글을 물고기와 비교한다면 글의 처음 부분은 물고기의 머리에 해당된다고 할 수 있습니다. 머리는 몸 전체에 비해서 작은 부분을 차지하고 있지만, 생명과 직결된, 몸에서 가장 중요한 부분입니다. 글도 마찬가지입니다. 읽는 사람이 끝까지 읽어주느냐 안 읽느냐 하는 것은 이 앞부분에서 판가름 난다고 할 수 있기 때문입니다. 짧은 글 속에서 가장 중요한 핵심과 신선한 만남을 이끌어내야 합니다.

독후감의 시작은 아래의 여러 방법들 중에서 하나를 골라 쓸 수 있습니다. 아니면 자신만의 독특한 방법으로 시작할 수도 있습니다. 어떤 방법으로 시작하든지 미리 충분히 생각한 다음에 쓰기 바랍니다.

1) 적극적인 동기와 이유 밝히기

글을 쓰는 동기와 이유는 여러 가지가 있습니다. 한 번 써 보고 싶어서 쓸 수도 있고, 선생님이나 부모님이 권해서 쓸 수도 있습니다. 아니면 친구가 쓰니까 그라서 써 볼 수도 있습니다.

여기에서 피해야 할 것은 '방학 숙제로 내줘서…….' '퀴즈 시험을 본다고 해서…….' 하는 식으로 소극적으로 동기나 이유를 말하는 것입니다. 이것은 자신의 생각하는 힘을 포기하는 것이나 마찬가지입니다.

글을 시작할 때는 한번 잘 써 보겠다는 의욕과 자신감으로, 왜 내가 이 글을 쓰게 되었는지 나만의 동기와 이유를 적극적으로 밝혀야 합니다.

예를 들어 보겠습니다. 〈찾아라, 고구려 고분벽화〉를 읽고 한 어린이는 독후감을 이렇게 시작했습니다.

"퀘퀘한 무덤 속 이야기, 재미없는 역사 이야기인 줄 알고 책장을 열었습니다.

그런데 종횡무진으로 오가는 시간 여행, 컴퓨터라는 놀라운 발명품 속으로 빨려 드는 환상적인 이야기 구조가 흥미로웠습니다. 시간이 갈수록 책 속으로 빠져들 었습니다. 마침내 내가 주인공이 되어 책을 읽게 되었습니다."

처음에는 소극적으로 시작했다가 곧 적극적인 자세로 바뀌었습니다. 이 글을 읽 는 사람들도 다음에 어떤 이야기가 나올지 궁금하여 흥미를 가지고 빠져들 것 같습 니다. 내가 주인공이 되어 책을 읽고 글을 써 나간다는 것은 대단히 적극적인 자세 입니다.

2) 등장 인물 소개

책의 내용에 따라 나, 다른 사람, 동물 또는 물건이 주인공이 됩니다. 그리고 주인 공의 수나 성격도 다릅니다. 이때 주요 인물을 미리 소개하면 글의 앞부분을 한결 재미있고 쉽게 이끌어 나갈 수 있습니다. 그러면 독후감을 읽는 독자도 친밀감을 가지고, 흥미롭게 글을 읽게 될 것입니다.
〈비밀의 화원〉을 읽고 쓴 글을 예로 들어 봅니다.

"주인공 메리는 버릇없고 못생긴 아이였습니다. 그러나 인도에서 콜레라로 부 모를 잃은 후, 영국 요크셔 지방의 미셀스와이트 장원으로 가서는 밝고 긍정적인 아이로 변했습니다. 자기밖에 모르던 이기적인 아이가 다른 사람도 밝은 세계로 이끌어 주는 아이가 된 것입니다."

전에는 나쁜 아이였던 메리가 부모님을 잃었다는 큰 슬픔을 당한 후 삶의 자세가 변하였습니다. 이 글을 읽는 사람들도 이제는 메리에 대해 좋은 감정을 가지게 될 것입니다. 앞으로 메리가 또 어떻게 변할지, 아니면 어떤 착한 일을 할 것인지 알고 싶어집니다.

3) 생생한 배경 그려내기

글이 어떤 배경에서 이루어지는지 눈으로 보듯 생생하게 그려내는 방법입니다. 시골, 도시, 학교, 산, 바닷가, 아파트촌, 섬, 어디든 상관없습니다. 그 어디에선가 주인공은 이야기를 전개해 나갈 것입니다. 이러한 분위기를 사실적으로 잘 그려내면 독자들은 상상력을 동원하여 그 장소로 달려가게 됩니다.

서울 근교의 시골 학교를 다니는 아이들의 이야기가 담긴 〈심학산 아이들〉을 읽고 쓴 글입니다.

"낮은 교문, 하얀 페인트를 칠한 2층 학교, 뒤에는 나즈막한 심학산이 있습니다. 학교 위로 올라가면 염소 우리가 있고 그 왼편에 약수터가 있습니다. 좁은 골목길을 따라 가면 중국집과 문방구가 있습니다. 모든 것이 낮게 있어 정겹고 편한 곳입니다."

거기가 어디인지 모르지만 분명 내가 가 본 곳 같다는 생각이 듭니다. 그리고 거기에서 무엇인가 일어날 것 같은 기분이 듭니다. 염소, 약수터, 중국집, 문방구. 말만 들어도 갑자기 자장면도 먹고 싶어지고, 알록달록 하트 스티커도 사고 싶어집니다.

4) 인상적이고 감동적인 부분 전하기

읽은 책의 가장 인상적이거나 감동적인 부분을 글의 제일 앞에 쓰는 것도 독후감을 잘 쓰는 방법입니다. 가장 느낌이 생생한 표현은 다른 사람의 마음의 문을 여는 열쇠이기 때문입니다. 내가 느낀 만큼은 아니더라도 내 글을 읽는 사람도 느낌을 전달받을 수 있을 것입니다.

야생 동식물을 사랑하자는 백 마디의 외침보다 더 생생한 느낌을 주는 〈흰빛 검은빛〉을 읽은 어떤 어린이의 감동을 적어 볼까요?

"한국의 〈시튼 동물기〉라 할 수 있는 책이었습니다. 커럼포의 늑대왕 로보가 장엄하게, 대장답게 최후를 마치는 장면은 아직도 눈에 선합니다. 그러나 〈흰빛 검은 빛〉 두 늑대의 이야기는 〈시튼 동물기〉보다 더 장엄하고 슬펐습니다.

흰빛 검은빛을 불쌍히 여기고 사랑하던 할멈이 마지막 길을 갑니다. 그 뒤를 피투성이로 따라가는 흰빛의 최후를 지켜보는 나는 하염없이 내리는 눈 속에서 울부짖고 있었습니다. 흰빛아, 제발 죽지 마!"

한 마리의 늑대가 피투성이가 되어 죽어가고 있습니다. 그 늑대는 자기를 돌보아 준 할멈의 뒤를 비척비척 따라가고 있습니다. 눈은 하염없이 내리고 있습니다. 이런 장면을 눈앞에 그려보면 누구나 '늑대야, 죽지 마!' 라고 소리칠 것입니다.

5) 나의 생활, 생각 옮기기

이 방법은 가장 쓰기가 어렵지만, 가장 자연스럽고 세련되게 글을 시작하는 방법입니다. 나 자신을 글의 맨 앞에 올려놓고, 읽은 책과 함께 나의 지난 일에 더한 평가와 반성, 앞으로의 일에 대한 예상과 희망 등을 밝히는 것입니다.

이렇게 글을 시작하려면 자신의 주관이 뚜렷해야 합니다. 또 무엇이 옳은지, 무엇이 옳지 않은지를 분별하는 판단력도 있어야 합니다. 주관과 판단력이 있어야 자신을 비롯한 모든 것을 냉정하고 객관적으로 볼 수 있기 때문입니다.

아파트에 사는 한 어린이가 〈저 하늘에도 슬픔이〉의 주인공 윤복이와 자신을 어떻게 비교하는지 한번 보겠습니다.

"동생에게만 패션 시계를 사 주었다고 떼를 쓰며 심통을 부렸습니다. 엄마를 미워하기까지 했습니다. 그런데 나랑 똑같은 4학년인 윤복이는 하루 끼니가 어려워 깡통을 들고 밥을 얻으러 다녔습니다. 껌을 팔면서 형들에게 맞아서 피투성이가 되기도 했습니다.

내가 윤복이였다면 어떻게 했을까요? 다른 사람을 미워하는 마음만 키우고, 매일 울고불고 하다가 마침내 모든 것을 포기했을 것입니다. 이 책을 보면서 나는 많은 생각을 했고, 부끄러움을 느꼈습니다."

자기 자신을 돌아보고, 부끄러움을 느낀다는 것은 쉽지 않은 일입니다. 더구나 책을 읽고 그런 느낌을 가졌다면 이것은 자기 발전에 큰 도움이 되는 일입니다. 윤복이는 비록 슬픔 속에서 살아갔지만 그의 일기는 이렇게 많은 아이들에게 감동과 교훈을 주었습니다.

3. 글의 본론은 어떻게 쓰나요?

– 생각과 느낌으로 씁니다

1) 멋있는 몸통 만들기

글에서 본론이라고 할 수 있는 가운데 부분은 물고기로 치면 크기가 가장 큰 몸통에 해당됩니다. 몸통이 큰 것은 그만큼 할 일이 많고 필요하기 때문이겠지요. 글도 마찬가지입니다. 본론에서 하고 싶은 말을 다하고, 표현해야 할 것도 다 해야 합니다. 균형 잡히고 멋있는 물고기가 보기 좋듯이, 글도 본론이 멋있어야 글 전체가 빛납니다.

보통 본론은 문단 3~5개의 분량으로, 문단마다 다른 내용을 가지고 씁니다. 특히 이 부분은 쓰기 전에 미리 무엇을 쓸 것인가를 생각해 두는 것이 좋습니다. 첫 번째는 무엇에 대하여, 두 번째, 세 번째는 무엇에 대하여, 이렇게 미리 생각해서 메모해 두었다가 쓰면 훨씬 내용이 짜임새가 있게 됩니다.

글 전체가 원고지 5매라면 이 본론 부분이 3매 정도 되도록 씁니다.

2) 주의합시다

독후감을 쓸 때에는 주의해야 할 것이 몇 가지 있습니다.

첫째, 읽은 책의 내용을 그대로 옮겨 쓰지 말아야 합니다. 독후감은 줄거리 요약이 아니라 자기의 생각과 느낌을 써야 하는 것이기 때문입니다. 책의 줄거리만 길게 쓰고 자기의 생각은 한두 문장으로 간단하게 끝내는 것, 이것은 좋은 글쓰기가 아닙니다. 물론, 책의 줄거리를 요약해서 쓸 수도 있습니다. 그리고 줄거리를 잘 요약하는 것도 글쓰기에서는 중요한 일입니다. 단지 줄거리가 전체 글에서 차지하는 비중이 너무 크지 않도록 주의하자는 것입니다.

다음으로, 책의 내용에서 벗어나 '아마 그랬을 거야.' 또는 '그렇게 될 테지.' 같은 추측으로 글을 써서는 안 된다는 것입니다. 독후감은 어디까지나 읽은 책의 내용을 근거로 확실한 사실만을 가지고 써야 합니다.

마지막으로, 앞뒤가 맞아야 합니다. 앞에는 이런 내용으로 시작했다가 중간에 슬쩍 다른 내용으로 바뀌거나, 이 사람에 대한 칭찬으로 시작했다가 저 사람에 대한 불만으로 끝맺는 글을 우리는 가끔 봅니다. 처음부터 끝까지 같은 소재에 대해, 같은 의견으로, 한 가지 주제로 글을 써야 합니다.

3) 생각과 느낌

독후감은 읽은 책을 기초로 자신의 생각과 느낌으로 써 나가는 글입니다. 쓰는 내용에 대해서는 누구도 뭐라고 할 수 없고 가르쳐 줄 수도 없습니다. 자신만의 시간과 장소에서 외롭고 어려운 작업을 해야 하는 것입니다. 그러나 여기에는 대단한 자랑스러움과 만족감이 따릅니다. 누구의 도움도 받지 않고 스스로 하나의 창조적인 일을 완성했다는 긍지를 가질 수 있기 때문입니다.

독후감을 쓰는 두 기둥인 생각과 느낌에 대해 알아봅니다. 먼저, 생각이란 무엇일까요? 생각이란 자기의 머리 속에서 궁리한 어떤 내용입니다. 남이 알려 주는 것도 아니고 책에서 읽은 것도 아닙니다. 물론 그 동안 배운 것, 읽은 것들 가운데서 나오는 것이겠지만, 기억 자체가 아니고 기억을 토대로 자기만의 독특하고 자유로운 영역 안에서 만들어 낸 창의적인 것입니다.

우리는 생각이라는 말을 아주 흔히 씁니다. 그러나 생각이 무엇인지 구체적으로 말로 하거나 글로 쓰려면 당장 벽에 부딪칩니다. 그만큼 생각이라는 것은 표현하기 쉬운 것이 아닙니다. 그래도 사람은 생각을 하고 있고, 해야만 합니다. 그리고 글로 생각을 표현해야 하고, 어떻게 표현해야 할지 또 생각해야 합니다.

사람이 생각을 할 때의 모습은 대개 비슷합니다. 혼자 조용히 아주 편한 자세로 두 눈을 껌뻑거리다가 가끔 멍청하게 어딘가를 바라봅니다. 또는 턱을 고이거나 팔짱을 끼고 물끄러미 한 곳을 바라보다가 고개를 설레설레 흔듭니다. 그렇게 하고 있으면 대개 생각을 하고 있는 중입니다. 그리고 생각이 있는 사람과 생각이 없는 사람의 정신적 수준은 하늘과 땅만큼 차이가 크다고 할 수 있습니다.

다음으로, 느낌이란 무엇일까요? 대개 느낌 하면 '기쁘다, 슬프다, 즐겁다, 재미있다, 아프다' 같은 형용사를 떠올리게 됩니다. 그러나 느낌의 뜻을 크게 보면, 여러 종류로 훨씬 폭넓고 다양합니다. 무엇으로부터 새롭게 느낀 감상, 나의 생활과 견주어 본 평가, 내 생각을 바꾸게 된 계기, 비판적으로 바라보는 시각 등, 이 모든 것이 느낌의 범위에 들어갑니다.

느낌은 어떻게 오고 어떻게 찾아낼까요? 책을 읽다가 나의 가슴에 마치 물결 같은 것이 부드럽게 또는 격렬하게 다가오는 것을 느낄 때가 있습니다. 또는 몸에 전기 같은 것이 찌릿하면서 스치고 지나가기도 합니다. 머릿속에서 이상한 울림이 생겨 영혼이 흔들리는 것 같은 기분이 들 때가 있습니다. 이러한 때가 바로 느낌이 오는 순간입니다. 이 순간을 놓치지 말고 바로 알아채는 것이 느낌을 찾아내는 방법입니다. 말은 쉽지만 결코 쉬운 일은 아닙니다. 찾아오는 느낌을 놓치지 않으려면 마음속에 한번 더 되새기거나 메모를 하는 방법이 있습니다.

느낌 중에서 가장 강력한 것을 우리는 감동이라고 합니다. 책을 읽은 후, 어떤 장면이 지워지지 않고 자꾸만 눈앞에 어른거리고, 아직도 어떤 기운이 내 마음을 두드리는 듯하고, 끊임없이 가슴 한 구석을 뭉클하고 아리게 하는 쓰라림, 문득 문득 눈앞이 흐려지고 고개가 저절로 숙여지는 듯한, 이런 느낌을 감동이라고 합니다. 감동을 주는 책을 우리는 훌륭한 작품이라고 말합니다.

느낌을 표현하는 것은 어렵다고만 할 일이 아닙니다. 그리고 '나는 느낌 없어요.'

라고 마음을 닫으려 해서도 안 됩니다. 그저 떠오르는 느낌을 자연스럽게 받아들이고, 자신감 있게 표현하면 됩니다. 그러한 연습을 쌓아 나가면 느낌은 크게, 자주 가지게 됩니다. 느낌이란 자전거 타고 가다가, 밥 먹다가, 운동하다가 잠깐 쉴 때에도 우연히 문득 떠오르기도 합니다. 그때의 느낌을 잘 기억했다가 정리하는 것도 필요합니다.

4) 좋은 글, 잘 쓴 글

생각과 느낌을 잘 표현하고, 다른 사람이 공감하고 모든 사람에게 감동을 주는 글을 쓰는 것이 모든 글을 쓰는 사람들의 목표입니다. 그런 글을 쓰기 위해서는 거듭 읽고, 거듭 생각하고, 거듭 쓰는 훈련을 많이 해야 합니다. 이런 훈련을 하다 보면 스스로 어떻게 하면 좋은 글을 쓰게 되는지 깨닫게 됩니다. 그래서 읽고, 생각하고, 쓰는 세 가지 훈련을 많이 하는 것이 옛부터 최고의 글쓰기 훈련으로 전해져 왔습니다.

그리고, 글이란 솔직함에서 나오고, 감동은 진실에서 온다는 것을 가슴에 깊이 간직해야 합니다. 예쁜 단어, 멋있는 문장, 다른 사람을 의식하는 글을 쓰려는 노력보다 자신을 정직하게 바라보려는 노력이 더 중요합니다. 쓸데없는 글이나 자기 자신도 잘 모르는 글은 쓰지 말아야 합니다. 오로지 있었던 대로, 아는 대로, 자신에게 충실하면 됩니다. 정말 좋은 글, 잘 쓴 글이란 자신의 진실로 다른 사람의 마음을 움직이는 것입니다.

4. 글의 끝맺음은 어떻게 하나요?
- 산뜻하게, 자신감을 가지고, 자연스럽게

글의 끝맺음은 물고기로 치면 꼬리 부분에 해당됩니다. 꼬리는 몸통에 비해 짧고 작지만 큐피트의 화살처럼 하트 모양을 하고 있어 멋있습니다. 글의 끝맺음도 이렇게 멋있고 사랑스럽게 하는 것이 좋습니다. '그렇지, 그래. 아, 그렇구나.' 라는 공감의 메아리가 남는 것이 좋은 끝맺음입니다.

글의 끝맺음에는 더 이상 이어질 것 같지 않고, 아무런 할 말이 없는 산뜻함이 있어야 합니다. 산뜻함이란 머리가 맑아지고 내 몸이 허공에 뜬 흰 구름 같이 가볍게 느껴지는 것입니다. 입가에는 미소가 감돌고, 푸른 하늘을 바라보며 밝은 미래를 기대해 보는 것이 산뜻함입니다.

끝맺음에는 자신감이 있어야 합니다. 한 편의 글을 마무리하면서 자신을 돌아보아 스스로를 믿고, 쓴 글에 대해 확신을 가진다면 그것이 자신감입니다. 자기가 자기를 믿고 존중해 주지 않는다면 누가 믿고 존중해 주겠습니까? 글의 마지막에는 자신의 모습에 스스로 신뢰를 보여주어야 합니다.

끝맺음은 자연스러워야 합니다. 음악의 클라이맥스, 오던 비가 멈출 때, 모닥불이 점점 작아져 마침내 꺼지는 장면들은 모두 어딘지 비슷하지 않나요? 바로 자연스럽다는 것입니다. 해가 지면 어둠이 오고, 어둠이 걷히면서 새벽이 오듯 말입니다. 글의 끝 부분도 이와 같아야 합니다. 느낌과 분위기로 여기가 끝이라는 것을 자연스레 알 수 있어야 합니다.

글의 맨 마지막은 지금까지 말한 모든 것을 한 마디로 요약할 수 있는 인상적인 말로 끝내면 좋습니다. 두세 개의 짧은 문장으로 결론을 말하면, 그 말이 짧고 강렬하기 때문에 읽는 사람에게는 깊은 인상을 남길 수 있기 때문입니다.

5. 글은 어떻게 다듬나요?

– 글은 보고 또 보아야 완성됩니다

1) 퇴고

단숨에 써 내려갔는데 좋은 글이 되었다고 하는 것은 과장이 조금 들어간 말입니다. 고치고 또 고치며 좀더 나은 글을 얻기 위해 노력하는 것이 진정한 글쓰기의 자세입니다. 이것은 마치 좋은 작품을 위해 열심히 빚은 도자기를 과감히 깨뜨리는 장인의 정신과 같습니다.

글을 다듬는다는 뜻의 유래가 된 퇴고(推敲)라는 글자를 보면 잘 알 수 있습니다.

당나라의 유명한 시인 가도는 어느 날 나귀를 타고 길을 가다가 시상이 떠올랐습니다.

조숙지변수 승퇴월하문(鳥宿池邊樹 僧推月下門)
새는 연못가 나무에 잠드는데 스님은 달빛 아래 문을 민다.

가도는 너무 골똘히 생각한 나머지 당시 시장인 한유의 행차를 가로막는 큰 잘못을 저지르고 말았습니다. 스님이 달빛 아래 문을 민다(推)고 해야 좋을지, 문을 두들긴다(敲)고 해야 어울릴지 글자 하나를 놓고 몹시 고민하다가 그렇게 되었다고 합니다. 가도는 한유의 도움을 받아 敲(두드릴 고) 자로 결정했습니다. 여기에서 유래한 '퇴고' 라는 말은 한 글자를 두고도 시 전체의 분위기에 어울리는지 생각을 거듭하는 자세가 글쓰기에서 얼마나 중요한가를 알려 주는 말이 되었습니다.

2) 글다듬기

우선 글 전체를 놓고 볼 때, 제목은 적당한가, 나의 중심 생각을 분명하게 드러냈

는가, 문단은 제대로 나누었는가 등을 살펴보아야 합니다. 한 가지 주제로, 한 가지 흐름으로 글 전체의 통일성을 깨지 않고 썼는지 살펴야 합니다.

다음으로는 문장이 분명하며 문법에 맞게 되었는지 살펴야 합니다. '만약 ~ 라면' '왜냐하면 ~ 때문이다' 와 같이 한 문장에서 어울리는 말끼리 잘 짝지워졌는지, 중심 생각을 담은 문장과 뒷받침 문장들의 연결이 논리적이고 자연스러운지 보아야 합니다.

마지막으로 단어는 시제(과거, 현재, 미래)에 맞게, 통일된 말투로, 맞춤법에 맞게, 적절한 표현의 단어를 썼는지 다시 보아야 합니다.

시제와 어투에 대한 예를 하나 들어 보겠습니다.

나는 호수공원에 친구 수민이와 놀러간다.
"엄마, 저 옷이 입을 게 없어요. 옷 좀 사 주세요."
어머니는 화난 목소리로 말씀하셨습니다.
"지난 번에도 샀잖아? 맨날 옷 타령만 하고. 공부를 그렇게 열심히 해 봐."
저는 속상하지만 할 말이 없었다.

뭔가 뒤죽박죽이 된 느낌이지요? 알맞은 시제를 쓰지 못했고, 높임말 반말에 통일성이 없기 때문입니다. 나는-저는, 간다-말씀하셨습니다-속상하지만-없었다, 엄마-어머니 등이 뒤섞여 있는 것입니다. 높임말이면 높임말, 반말이면 반말로 통일해야 하고, 시제도 현재면 현재, 과거면 과거로 통일해야 하는 것입니다.

이렇게 한 편의 글은 글다듬기를 거쳐서 완성됩니다. 한 편의 글을 완성한다는 것은 결코 쉬운 일이 아닙니다. 그러나 침착하게 깊이 생각하면서, 보고 또 보고, 고치고 또 고치면 누구나 훌륭한 글을 완성할 수 있습니다.

6. 글은 어떻게 고쳐 쓰나요?

– 기호를 쓰면 노력을 덜 수 있습니다

원고지나 공책에 글을 다 쓰고 나면 글쓰기가 끝난 것으로 생각되지만, 결크 그런 것이 아닙니다. 다시 읽어보고 다듬을 때에는 고치고 또 고쳐야 할 부분이 생기기 때문입니다. 이때 지우개로 지우지 않고 약속된 기호로 글을 고칠 수 있습니다.

기호	설명	예
⌒	글자 사이를 붙일 때	소 나무 사랑
✓	글자 사이를 뗄 때	험난한길
✓	단어, 구절, 문장을 끼울 때	집으로 가는 사람 (키 큰)
⌐⌐	단어, 구절, 문장을 고쳐 쓸 때	휘파람 부는 대나무 (갈대)
◯	단어, 구절, 문장을 없앨 때	집 나간 가출 소녀
═	단어, 구절, 문장을 없앨 떠	집 나간 어리석은 가출 소녀
∿	앞뒤 단어, 구절을 바꿀 때	사랑하는 내 노래
⌐	앞으로 당길 때	집에 가는 길

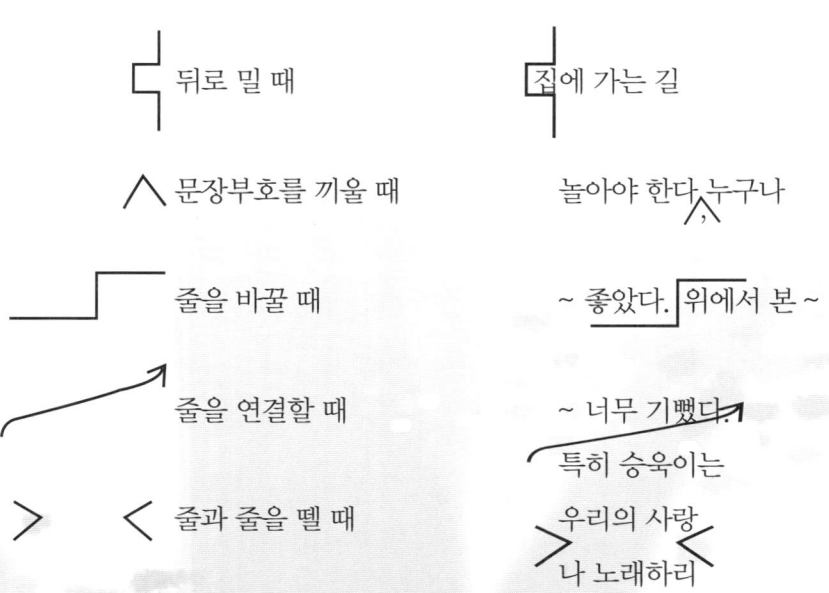

뒤로 밀 때	집에 가는 길
문장부호를 끼울 때	놀아야 한다, 누구나
줄을 바꿀 때	~ 좋았다. 위에서 본 ~
줄을 연결할 때	~ 너무 기뻤다. 특히 승욱이는
줄과 줄을 뗄 때	우리의 사랑 나 노래하리

　이렇게 하여 독서와 글쓰기에 대해 알아보았습니다. 이 정도만 알아도 독서와 글쓰기에는 충분합니다. 이제부터 마음을 굳혀 꾸준히 책을 읽고 글쓰기를 한다면 앞으로 다가올 논술은 어려울 것도, 귀찮을 것도 없습니다. 오히려 아주 큰 재미와 보람을 느끼게 될 것입니다. 매일매일 바쁜 중에도 시간을 내서, 독서를 하고 글을 써 보면서 의미 있고 흥미로운 날들을 보내는 것이 좋지 않겠어요?

한 달에 네 권 읽고 한 번 쓰기

3월

생명의 달

초등학교 시절의 반이 지나고 이제 고학년이 시작되는 4학년이 되었습니다. 나이도 만으로 열 살이 되었습니다. 몸도 마음도 성숙해지고 생각도 깊어지는 나이입니다. 이제부터는 모든 면에서 의젓해야 하고, 해야 할 일은 스스로 알아서 해야 합니다.

긴 겨울도 다 지나고 봄이 다가오고 있습니다. 3월은 자연 속에서 봄이 오는 기운을 느낄 수 있는 달입니다. 아직 기온은 쌀쌀하지만 햇살은 눈부시고 양지쪽은 따뜻합니다. 학교와 집안에만 있으면 계절이 바뀌는 것을 잘 알지 못합니다. 일요일마다 가까운 산이나 들판에 나가 새봄이 어떻게 한 걸음씩 다가오고 있는지 살펴보기 바랍니다. 여러분의 나이는 계절로 치면 이른 봄입니다. 봄과 잘 어울리는 여러분의 모습을 자연 속에서 찾아보기 바랍니다.

이 달의 주제는 생명입니다. 자연과 사람 사이에서 피어나는 생명에 관한 책을 읽고, 거기에서 글감을 찾아 글을 써 보는 달입니다.

살아있는 모든 것들에 있어서 생명만큼 고귀한 것은 없습니다. 사람에게 생명이 있듯이 자연에게도 생명이 있습니다. 우리에게는 자연 속의 소중한 생명들을 아끼고 지켜 주어야 할 책임이 있습니다.

나무를 심은 사람

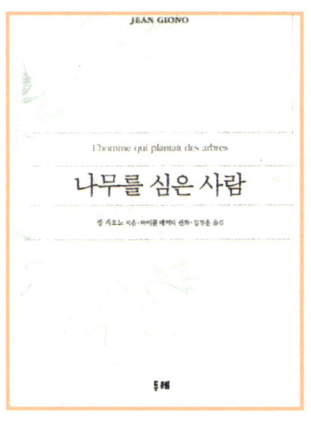

줄거리

40여 년 전 그곳은 황량한 고원지대였습니다. 그곳에서 나는 한 양치기 목자를 알게 되었습니다. 그는 도토리를 골라 정성스레 심고 있었습니다.

나는 5년 동안 전쟁에 참가했습니다. 전쟁이 끝난 후 그곳에 가 보았습니다. 그곳은 이미 거대한 숲이 되어 있었고, 그 후 나는 거의 매년 그곳을 방문했습니다. 사람들은 그곳을 천연의 숲이라고 했습니다. 많은 사람들이 그곳에서 새로운 삶을 살고 있었습니다.

사람들은 그가 나무를 심었다는 것을 모르고 있었습니다. 그리고 그는 아무 말도 하지 않았습니다.

느낌 엿보기

한 사람의 선한 마음이 그렇게 거칠고 메마른 땅을 생명이 넘치고 아름다운 곳으로 만들었습니다. 사람의 끈기와 노력은 황무지를 숲으로 가꿀 만큼 위대합니다.

지금도 이런 사람이 있을까? 내가 한번 이런 사람이 되어 볼까? 아니야, 나는 못해. 그렇지만, 나는 못해도 누군가는 해야 해.

책을 보면서 아래 물음에 답하세요.

1 이 책의 무대는 어느 나라, 어느 지방입니까?

2 그는 도토리를 심기 위한 구멍을 파기 위해 무엇을 땅에 박았습니까?

3 나무를 심은 사람은 위대한 무엇과 고결한 무엇을 지니고 있다고 했습니다. 무엇 무엇입니까?

이 책을 다 읽고 난 느낌을 간단히 써 보세요.

♥ 1995년 7월 처음 펴냄. 글 장 지오노. 김경온 옮김. 펴낸 곳 두레. 149쪽. 6,900원

마지막 거인

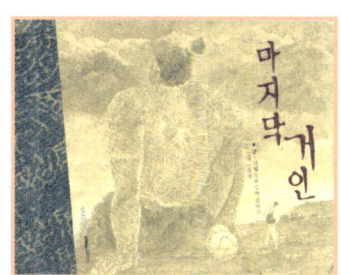

줄거리

  주인공은 이상한 그림이 조각되어 있는 아주 큰 이빨 하나를 사게 됩니다. 놀랍게도 그림은 지도였습니다. 주인공은 이빨의 주인인 거인들을 찾아 나섰습니다.

  많은 위험들을 헤치고 마침내 거인들이 사는 곳에 도착했습니다. 그 곳에서 그는 거인들과 함께 아름다움과 평화로움을 느끼며 살았습니다.

  그는 돌아와 그들의 이야기를 책으로 쓰고 그림으로 그렸습니다. 많은 사람들이 그 책을 보았습니다. 그 사람들도 거인들을 찾아 나섰습니다. 주인공은 그 책으로 인해 앞으로 거인들이 어떻게 될 것인지는 미처 생각하지 못했던 것입니다

느낌 엿보기

  별을 꿈꾸던 아홉 명의 거인들은 주인공의 비밀을 폭로하고 싶은 욕심 때문에 죽게 되었습니다. 내가 그였다면 어떻게 했을까요? 아마 나도 참지 못하고 세상 사람들에게 거인이 살고 있다고 말했을 것입니다.

  '침묵을 지킬 수는 없었니?' 거인 안탈라의 목소리가 들리는 듯합니다.

책을 보면서 아래 물음에 답하세요.

1️⃣ 주인공은 이상한 그림이 조각된 이빨 하나를 누구로부터 샀습니까?

2️⃣ 거인들의 몸에는 복잡한 선으로 이어진 무엇이 새겨져 있었습니까?

3️⃣ 이 이야기의 주인공은 자기가 무엇에 눈이 멀었다고 했습니까?

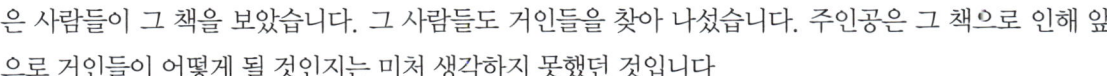

이 책을 다 읽고 난 느낌을 간단히 써 보세요.

♥ 2002년 2월 처음 펴냄. 글·그림 프랑수아 플라스. 윤정임 옮김. 펴낸 곳 디자인하우스. 88쪽. 8,800원

할미꽃은 봄을 세는 술래란다

지은이의 말 중에서

"할미꽃에는 허리 굽은 할머니의 고운 넋이 서려 있습니다. 전설의 가르침입니다. 그런데, 할머니의 넋을 머금은 할미꽃이 이른 봄 고개를 수그린 모습은 푸른 봄소식을 기다리며 새 생명들의 약동을 부르는 계절의 술래를 연상시킵니다.

온 산과 들녘에 푸른 생명의 봄 잔치가 어우러지면 할미꽃은 슬그머니 자취를 감추어 사라집니다. 우리 할머니들의 생애 같습니다.

모든 할머니들을 위하여, 이 땅의 모든 아들딸과 손주들을 위하여, 우리들의 편한 도리와 행복한 삶을 위하여, 아름다운 할미꽃 전설을 오늘에 다시 풀어봅니다."

느낌 엿보기

과연 할머니가 손자에게 키도 주고, 나이도 주고, 지혜도 주는 것이 가능할까요? 어쩌면 가능할지도 모르겠습니다. 점점 줄어드는 키, 사탕도 좋아하며 어린아이처럼 변해 가는 할머니를 보면 말입니다.

쭈글쭈글한 할머니가 싫을 때도 있었는데, 이 책을 보며 할머니에게 자꾸만 죄송한 마음이 들었습니다. 그러나 죄송해 하는 것만으로는 안 될 것 같습니다. 더 자주 할머니를 찾아뵙고 인사드려야겠습니다.

책을 보면서 아래 물음에 답하세요.

① 할머니의 몸은 자꾸 작아집니까, 커집니까?

② 할머니의 영혼은 무엇에 실려 가는 듯했습니까?

③ 할미꽃은 언제 핍니까?

이 책을 다 읽고 난 느낌을 간단히 써 보세요.

♥ 1997년 3월 처음 펴냄. 글 이청준. 그림 최정훈. 펴낸 곳 파랑새어린이. 80쪽. 7,800원

흰빛 검은빛

줄거리

흰빛과 검은빛은 가족과 떨어져 단 둘이 살고 있는 늑대 형제입니다. 자연과 인간과 야생동물 사이에서 오로지 살기 위해 애쓰는 가여운 동물입니다.

욕심으로 자연과 야생동물을 해치는 인간들이 있습니다. 그리고 자연과 야생동물들을 사랑하는 사람들도 있습니다. 인간에게 사랑받다가 버림받은 들개들도 나타납니다.

모든 등장 인물들이 벌이는 장면들은 산과 눈이라는 자연을 배경으로 그대로 가슴 깊이 파고듭니다. 생존을 위한 싸움과 사랑 속에서 늑대 형제는 가슴 아픈 종말을 향해 치닫습니다.

느낌 엿보기

동물들을 잡기 위해 그물과 덫을 놓고, 이 생명들을 팔아 자신의 이익만을 챙기는 사람들이 정말 밉습니다. 산에서 만나는 다람쥐, 산새들은 정말 귀여운데.

왜 사람들은 동물들을 잡아가고 죽이는 것일까요? 원래 사람이란 그렇게 잔인한 것일까요? 그래도 아직은 나쁜 사람보다는 착한 사람이 더 많다고 믿고 싶습니다.

책을 보면서 아래 물음에 답하세요.

1 늑대 무리 '어둠의 무리'의 두목은 누구였습니까?

_____

2 흰빛 검은빛이 사는 산의 이름은 무엇입니까?

_____

3 할멈의 시신을 거두어 간 사람들은 누구였습니까?

_____

이 책을 다 읽고 난 느낌을 간단히 써 보세요.

_____

_____

_____

_____

♥ 2003년 1월 처음 펴냄. 글 우봉규. 그림 양상용. 펴낸 곳 계림북스쿨. 160쪽. 7,000원

흰빛 검은빛의 슬픈 운명

-〈흰빛 검은빛〉을 읽고

신촌초등학교 4학년 6반 박선정

옛날에, 아니 어쩌면 옛날이 아닐 수도 있는 어느 날에, 흰빛과 검은빛이라는 늑대가 살았다. 그들은 형제였는데 어머니와 다른 가족이 떠나는 슬픈 일을 겪어야 했다. 아직 어릴 때였는데 충격이 심했을 것이다.

흰빛과 검은빛은 인간과 마주치지 말고 동굴에서 나가지 말라는 어머니의 말대로 행동했다. 어머니의 말씀도 잘 듣는 착한 형제였다.

어느 날, 들개들 무리가 동굴에서 나가라고 협박을 했다. 그래도 두 형제는 동굴을 끝까지 지켰다.

흰빛은 검은빛을 위해 어머니의 말씀을 어기고 먹이를 찾아 나섰다. 그런데 빨간 모자라는 사악한 사냥꾼을 만나 많이 다쳤다. 동물을 이렇게 학대하다니……. 정말 인간들은(물론 다는 아니지만) 돈을 위해서는 목숨도 내거나 보다.

흰빛은 위기를 겨우 넘기고 동굴로 돌아왔지만 그것이 다가 아니었다. 들개들과 왕초가 다시 찾아온 것이다. 흰빛은 검은빛에게 도망가라고 했지만 검은빛은 그럴 수가 없어서 같이 싸우다가 죽고 말았다. 다행히 할머니가 흰빛을 구해 주어서 목숨은 겨우 구할 수 있었지만 검은빛의 무덤으로 갈 수밖에 없었다.

마지막 흰빛과 할멈이 죽을 때에는 정말 슬펐다. 그 형제는 정말 죽을 수밖에 없는 운명이었던 것일까?

인간들은 정말 못하는 게 없는 것 같다. 동물들을 마구 죽이고도 양심의 가책도 받지 않으니 말이다. 나는 절대로 그런 사람이 안될 것이다. 흰빛, 검은빛을 위해서라도.

이제부터 여러분이 원고지 5매에 독후감을 씁니다. 무엇을 쓰든지 마음 편하게, 침착하게, 천천히 쓰기 바랍니다. 글을 쓰기 전에 날짜를 원고지 위에 꼭 쓰기 바랍니다. 나중에 다시 보는 날이 반드시 있을 것입니다.

_____ 년 ____ 월 ____ 일

NO _____

20 × 10

20 × 10

20 × 10

20 × 10

20 × 10

4월

과학의 달

4월 21일은 과학의 날입니다. 그리고 이 달은 과학의 달입니다. 학교에서는 과학에 관한 이야기 마당, 그림 그리기, 글쓰기 대회 같은 여러 가지 행사가 열릴 것입니다. 고무 동력기, 물 로켓, 글라이더 등을 만들어 멀리 날려 보내기 대회도 할 것입니다. 모두 즐거운 마음으로 참가해 보기 바랍니다.

과학이란 멀리 있거나 어려운 것이 아닙니다. 우리 주변에서 항상 벌어지고 있는 모든 일들은 다 과학이라고 할 수 있습니다. 우리가 만든 것과 행동하는 것들은 모두 과학적 원리에서 일어나고 있기 때문입니다. 자전거가 두 바퀴로 굴러가는 것, 번개가 치고 한참 뒤에 천둥소리가 들리는 것, 하늘 높이 짓고 있는 아파트, 아픈 강아지가 낑낑거리는 것, 이런 것도 모두 과학입니다.

살아 있는 생명체와 어떤 사물에 대해 끈질기게 관찰하여 '왜?'라는 궁금증을 가지기 바랍니다. 그래서 스스로 과학적 원리를 찾아 답을 알아내도록 합니다. 그것이 과학에 대해 가져야 하는 우리의 자세입니다. 여러분의 관찰력과 탐구심이 답을 줄 것입니다.

이 달에는 생물을 깊이 연구한 네 분을 소개합니다. 이 분들은 그 분야에서 훌륭한 업적을 남겼을 뿐 아니라 생애도 우리가 본받아야 할 분들입니다. 이 분들에 대한 책을 읽고, 독후감을 하나 써 보도록 합니다. 그 독후감이 장차 훌륭한 과학자가 되는 밑거름이 될지도 모르는 일입니다.

석주명

내용

　일생을 나비 연구에 바친 석주명 선생님의 이야기입니다. 당시로서는 하기 어려운 나비 연구라는 한 가지 연구에만 몰두했습니다. 그 결과 나비에 관한 한 세계 어디에서도 인정받는 훌륭한 학자가 되었습니다.

　일제 강점기 직전에 태어나 나라를 잃은 처지에 어려움을 많이 겪었지만, 그래도 신념을 굽히지 않고 자기가 하고자 하는 일을 하였습니다.

　그러나 불행히도 6·25의 혼란 속에서 같은 겨레의 손에 일찍 돌아가시고 말았습니다. 선생님이 남긴 업적은 나비 연구로 대표되지만, 노력과 집념의 정신 또한 우리에게 남겨 주었습니다.

느낌 엿보기

　한 분야에 한 10년간만 열심히 하면 그 분야의 최고 실력자가 된다는 말에 무척 감동을 받았습니다.

　정말 영어가 잘 안 되는데, 10년만 열심히 하면 외국인과 자연스럽게 말하게 될까요? 10년은 너무 긴 세월 같기도 합니다. 우리 엄마는 세월이 빠르다고 하시지만 말입니다. 영어 잘하는 것도 훌륭한 일이겠지요?

책을 보면서 아래 물음에 답하세요.

１ 석주명의 아버지는 동물보다 무엇을 더 좋아하셨습니까?

２ 나비의 학명에 석주명의 성이 붙은 나비는 몇 종류입니까?

３ 석주명의 나비 연구 10년간의 결실이라고 할 수 있는 책 이름은 무엇입니까?

이 책을 다 읽고 난 느낌을 간단히 써 보세요.

♥ 1994년 12월 처음 펴냄. 글 박상률. 펴낸 곳 사계절. 180쪽. 7,500원

물고기 박사 최기철 이야기

내용

한평생 물고기와 함께 살고, 물고기만을 연구한 최기철 할아버지의 자연과 물고기와 어린이 사랑에 대한 이야기입니다.

물고기는 자연의 일부분으로 사람에게 잡는 재미도 주고, 먹을거리도 주는 여러 가지 고마운 일을 하는 소중한 존재입니다. 물고기 하나를 통해서도 우리는 자연과 사랑에 대해 너무 많은 것을 배울 수 있습니다.

최기철 할아버지의 연구가 과학계와 생물계에 끼친 영향은 너무나 큽니다. 할아버지와 함께 물고기를 잡으려고 물속에서 참방거리는 기분으로 이 책을 읽어 보기 바랍니다.

느낌 엿보기

어릴 때부터 동네에서 제일 물고기를 잘 잡았던 박사님은 결국 물고기 박사가 되었습니다. 놀기 박사는 없을까요? 아마 없을 것 같습니다. 왜냐하면 엄마 아빠가 절대로 허락하지 않을 것이기 때문입니다.

그림 박사는 어떨까요? 나는 그림을 그리고, 색깔을 입히고 있으면 시간 가는 줄 모릅니다. 신나게 놀 때의 느낌이랑 비슷합니다. 놀기 박사가 못 되면 그림 박사가 돼 볼까요?

책을 보면서 아래 물음에 답하세요.

① 지금의 대전을 그 당시에는 무엇이라고 했습니까?

② 최기철 학생은 나중에 선생님이 되면 어느 선생님처럼 되고 싶어했습니까?

③ 최기철 박사님은 한 길을 30년 가면 자신감과 희망이 생기고, 역사에 남는 인물이 되려권 한 몇 년 가야 한다고 했습니까?

이 책을 다 읽고 난 느낌을 간단히 써 보세요.

♥ 1999년 10월 처음 펴냄. 글 이상권. 그림 박병국. 펴낸 곳 우리교육. 188쪽. 7,000원

새 박사 원병오 이야기

내용

　'새' 라고 하면 생각나는 분이 바로 원병오 박사님입니다. 평생 새만 바라보고 살아오신 분입니다. 그리고 박사님은 새처럼 날고 싶은 마음이 더욱 간절한 분입니다. 북한에 아버님이 계시기 때문입니다.

　박사님은 우리 어린이들이 이 책을 읽고 나서 자연을 소중하게 여기는 마음을 갖고, 우리 땅에 사는 새들에 대해 더욱 많은 관심을 가지기를 바라고 있습니다.

　자연을 바라보며, 새를 연구하며, 헤어진 가족을 생각하며, 박사님은 오늘도 북녘 하늘을 바라보고 계실 것 같습니다.

느낌 엿보기

　말이 통하지 않는 새들의 생태를 연구하다가 가로막힌 38선 너머에 사시는 아버지의 소식을 철새들을 통해 알게 되었을 때, 얼마나 가슴 벅찬 기쁨이 있었을까요? 또한 말할 수 없는 슬픔을 느꼈을까요?

　이 책을 통해서 저는 새처럼 자유롭게 남북이 오가는 그 날을 기다리는 사람들의 마음을 조금은 알게 된 것 같습니다. 어서 통일이 되었으면 좋겠습니다.

책을 보면서 아래 물음에 답하세요.

① 산 채로 새를 잡아 인공으로 새끼를 부화시킨 다음 어디로 풀어줍니까?

② 원병오 박사님은 7년 동안 134종 약 20만 마리 새의 다리에 가락지를 끼워 주었습니다. 그 중에는 이 새도 포함되어 있었습니다. 이 새의 이름은 무엇입니까?

③ 오래 산다는 동물 열 가지를 무엇이라고 합니까?

이 책을 다 읽고 난 느낌을 간단히 써 보세요.

♥ 1998년 4월 처음 펴냄. 글 원병오. 그림 박선호. 펴낸 곳 우리교육. 136쪽. 7,000원

옥수수 박사 김순권 이야기

내용

온 힘을 기울여 몇십 년 동안 옥수수를 연구한 사람이 있습니다. 그가 키운 옥수수 열매는 우리나라 곳곳에서, 아프리카에서, 그리고 북한에서도 여물고 있습니다.

지겹다고 한눈팔지도 않았고, 투정을 부리지도 않았고, 온갖 어려움이 닥쳐도 지지 않았습니다. 오직 좋은 옥수수를 위해, 굶주린 사람들을 돕기 위해, 쉬지 않고 옥수수만을 연구했습니다.

그가 연구한 것은 옥수수였지만 그가 거둔 것은 옥수수뿐만 아니라 인간과 의지와 사랑이었습니다. 그 사람은 옥수수 박사 김순권입니다.

느낌 엿보기

옥수수는 심심할 때 그냥 재미로나 먹는 간식거리인 줄 알았어요. 그런데 옥수수는 굉장히 중요한 식량이었어요. 그래서 이제부터는 옥수수를 다시 보기로 했습니다.

옥수수를 키우기 위해 온 평생을 바친 김순권 박사님의 노력을 본받아야겠습니다. 그런데 과연 나도 그렇게 한 가지 일에 온 힘을 다해 몰두할 수 있을지 자신이 없습니다.

책을 보면서 아래 물음에 답하세요.

1 김순권은 어느 고등학교를 다녔습니까?

2 김순권은 농촌진흥청에 들어갈 때까지 시험에 몇 차례 떨어졌습니까?

3 아프리카에서 '악마의 풀' 이라고 불리는 식물 이름은 무엇입니까?

이 책을 다 읽고 난 느낌을 간단히 써 보세요.

♥ 2000년 1월 처음 펴냄. 글 조호상. 그림 이준섭. 펴낸 곳 우리교육. 184쪽. 7,000원

끈기를 가진 석주명
-〈석주명〉을 읽고

황룡초등학교 4학년 1반 천희원

나비박사 석주명 선생님은 끈기를 가진 분이고, 시간을 아낀 분입니다. 선생님은 나비에 일생을 바친 분이십니다. 한국에서 처음 발견된 나비에 이름도 붙여 주셨습니다.

석주명 선생님은 1908년 10월 17일 평양에서 태어나셨는데 아주 순한 아이였다고 합니다. 중, 고등학교를 마치고 일본으로 유학을 갔습니다. 선생님은 일본의 대학 선생님으로부터 10년만 나비를 연구해 달라는 제안을 받았습니다. 선생님은 마음을 굳게 먹고 한국에 있는 나비를 연구했습니다.

새로운 나비를 잡기 위해 열정과 최선을 다했습니다. 어떤 때는 한 마리의 나비를 잡기 위해 벼랑 끝까지 간 적도 있었습니다. 석주명 선생님께서는 지리산에서 어렵게 본 나비에는 '지리산 팔랑나비'라는 이름도 붙여 주셨습니다.

6 · 25전쟁이 일어났을 때도 피난을 가지 않고 집에 남아서 계속 나비 연구를 하셨습니다. 연구를 하던 중 술 취한 청년들이 석주명 선생님을 인민군인줄 알고 총으로 쏴 버렸습니다. 한국의 유일한 나비박사 석주명 선생님은 1950년, 그렇게 안타깝게 세상을 뜨셨습니다.

일본인 학자는 자기 이름만 날리기 위해 거짓으로 쓴 것이 많은데, 선생님은 직접 관찰하고 손으로 만져보고 해서 진실하게 연구했습니다. 끈기를 가지고 시간을 잘 아끼고, 진실하신 선생님, 저는 선생님의 좋은 점을 닮고 싶습니다.

이제부터 여러분이 원고지 5매에 독후감을 씁니다. 무엇을 쓰든지 마음 편하게, 침착하게, 천천히 쓰기 바랍니다. 글을 쓰기 전에 날짜를 원고지 위에 꼭 쓰기 바랍니다. 나중에 다시 보는 날이 반드시 있을 것입니다.

_____ 년 _____ 월 _____ 일

NO

20·10

20 × 10

20 × 10

20 × 10

20 × 10

5월

가정의 달

　5월은 참으로 아름답고 좋은 계절입니다. 산들바람 속에 초록으로 가득 찬 세상이 신기하기도 합니다. '어린이날'이 있어 더욱 기다려지는 달입니다. 부모님으로부터 받을 선물 목록을 미리 챙겨 놓은 친구들도 있을 것입니다. "아! 5월은 어린이 달, 바로 나를 위한 달이구나!"

　5월은 '어버이날'이 있어 부모님과 주변의 어른들께 고마움을 전해야 합니다. 집안일 돕기, 안마해 드리기, 편지 쓰기, 꽃 달아 드리기 등 어른들에게 고마움을 전하고 즐겁게 해드리는 일은 정말 여러 모양과 방법이 있을 것입니다. 그러나 그 중에서도 가장 중요한 일은, 항상 건강하고 밝게 웃는 모습을 가족들에게 보여 드리는 일입니다.

　특히 이번에는 가족들의 '발'에 대해 생각해 보는 것은 어떨까요? 땀에 절어 냄새나지만 고마운 아빠 발, 시장에서 부엌으로 바쁘게 돌아다니는 엄마 발, 우악스럽게 커 보이는 형이나 오빠 발, 유치원에서 놀이터로 귀엽게 돌아다니는 동생 발, 모두가 소중한 발들입니다.

　잊지 말아야 할 것은 고마움과 사랑을 전하고 싶어도 부모님이 안 계시는 어린이들도 있다는 사실입니다. 그리고 안아 줄 어린이가 없는 어른들도 있습니다. 가정의 달을 맞이하여 온 가족이 고아원, 양로원 등의 시설을 방문하는 것도 뜻 깊은 5월을 보내는 일입니다.

우리 이모는 4학년

내용

'우리 이모는 4학년' '만표네 고추 소동' '엄마 신발 신고 뛰기' '할아버지의 낡은 고무신' '할머니와 보물찾기' 등 모두 10편의 이야기가 실려 있습니다.

제목만 보아도 알 수 있듯이 가족 사이에서 벌어지는 크고 작은 이야기들이며, 서울과 시골을 왔다 갔다 하며 벌어지고 있습니다. 잔잔하면서도 가슴에 와 닿는 아주 편안한 이야기들입니다.

글쓴이의 말처럼 남을 생각하는 따뜻한 마음은 늘 우리에게 감동을 줍니다. 그래서 우리도 이제부터 서로를 아껴 주고 사랑해 주기로 하면 좋겠습니다.

느낌 엿보기

사는 동네는 달라도 여기에 나오는 인물들의 마음은 나와 비슷한 면이 많습니다. 또 주변의 친구들이랑 닮은 점도 있습니다. 샘쟁이, 몰래 엄마 돈 살짝 하기, 모자라는 사람 놀려대는 마음 등이 그렇습니다.

너무 잘나고, 좋은 면만 보여주는 책보다 더 재미있습니다. 그리고 주인공들이 결국은 착해지는 것이 다행스럽습니다.

책을 보면서 아래 물음에 답하세요.

1 외할머니가 쉰 살에 낳았다고 해서 붙은 막내 이모의 별명은 무엇입니까?

2 동네 사람들은 무남이를 동네 막일꾼처럼 생각하지만 무남이는 빙빙 돌아가는 이것처럼 열심히 일합니다. 이것은 무엇입니까?

3 할머니 할아버지에게 기운을 주는 신발은 무슨 신발입니까?

이 책을 다 읽고 난 느낌을 간단히 써 보세요.

♥ 2001년 2월 처음 펴냄. 글 정란희. 그림 원유미. 펴낸 곳 산하. 180쪽. 6,000원

쌀뱅이를 아시나요

내용

　서른일곱에 동화를 만난 뒤부터 좀더 일찍 동화를 만나지 못한 것을 아쉬워하는 지은이가 아이들의 사랑을 받기 바라며 쓴 단편 일곱 편이 실려 있습니다. 우리 주변에 흔히 있을 수 있는 이야기를 잔잔하면서도 섬세하게 펼쳐 주고 있습니다.

　신체의 비정상을 하느님의 사랑의 표시로 알고 이겨 내는 소녀 이야기 '너무 너무 사랑하니까', 어린이에게 판소리를 부흥시킨 동리 선생을 알게 해주는 '소리하는 참새', 입양아의 고향에 대한 그리움을 그린 '쌀뱅이를 아시나요', 장애인에 대한 관심을 불러일으키는 '막둥이 삼촌' 등입니다.

느낌 엿보기

　여기에 나오는 이야기들은 모두 사랑 이야기인 것 같습니다. 어른들의 아이들에 대한 사랑, 입양아의 추억에 대한 사랑, 할머니의 자식에 대한 사랑 같은 것 말입니다.

　나도 사랑이 많은 사람이 되고 싶습니다. 이거저거 다 사랑하고 싶습니다. 그런데 들만 사랑이 많은 사람이 되고 싶다고 할 뿐, 사실 엄마 아빠도 잘 사랑하는 것 같지 않습니다. 나 자신의 사랑부터 돌아봐야겠습니다.

책을 보면서 아래 물음에 답하세요.

1. 쌀뱅이의 지금 직업은 무엇입니까?

2. 쌀뱅이 할머니의 별명은 무엇이었습니까?

3. 쌀뱅이는 어느 나라로 입양되었습니까?

이 책을 다 읽고 난 느낌을 간단히 써 보세요.

♥ 2000년 10월 처음 펴냄. 글 김향이. 그림 김재홍. 펴낸 곳 파랑새어린이. 184쪽. 7,500원

아주 특별한 우리 형

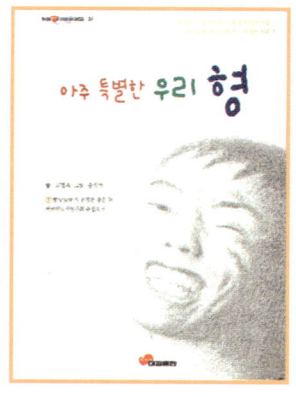

줄거리

　어느 날 종민이네 집에 장애인 형 종식이가 나타났습니다. 일그러진 얼굴에 구부러진 팔, 정말 감추고 싶은 형이었습니다. 종민이는 형 때문에 집을 나갑니다. 그러나 세상 무서운 것만 알고 돌아옵니다.

　종민이는 조금씩 형을 이해하게 되고, 용기를 내서 형을 돌봅니다. 이제 점차 종식이는 종민이에게 소중한 형이 되어가기 시작합니다.

　어느 날 새벽에 종식이가 발작을 일으킵니다. 온 가족이 당황하고, 종민이는 무섭기까지 했습니다. 그렇지만 종식이는 종민이의 형이었습니다. 종민이는 형을 위해 할 수 있는 일을 다하고자 합니다.

느낌 엿보기

　아무리 형제라고 해도 싫을 때도 있고, 미워질 때도 있습니다. 그것은 누구나 마찬가지일 것입니다. 더구나 장애인일 때는 더 말할 것도 없겠지요.

　내가 종민이라도 처음에는 정말 형이 꼴보기 싫었을 것입니다. 그런데 결말은 동생이 형을 아끼고 사랑하게 되어서 참으로 다행입니다. 나는 어떤 경우에라도 종민이처럼 착한 아이가 될 것입니다.

책을 보면서 아래 물음에 답하세요.

① 종민이는 형 종식이가 있다는 것을 처음부터 알았습니까? 몰랐습니까?

② 종식이가 발작을 일으켜 병원으로 갔을 때 종민이는 무엇을 했습니까?

③ 종민이는 사고가 난 후에 아빠에게 무엇을 사 달라고 했습니까?

이 책을 다 읽고 난 느낌을 간단히 써 보세요.

♥ 1999년 4월 처음 펴냄. 글 고정욱. 그림 송진헌. 펴낸 곳 대교. 168쪽. 6,800원

당산나무 아랫집 계숙이네

내용

다산 마을 한가운데에는 커다란 당산나무가 있고, 그 아래에 계숙이네 집이 있습니다. 계숙이는 동생 계성이와 증조할머니와 할머니 할아버지와 살고 있습니다.

할머니가 먼저 돌아가시고, 할아버지는 6·25 전쟁 때 동네에서 좋지 않은 일을 했다는 이유로 마음 고생을 합니다. 어머니는 계숙이 남매를 돌볼 생각을 하지 않습니다.

아버지가 새어머니를 맞아들였습니다. 새어머니는 모두에게 아주 잘했고, 아버지도 활기를 되찾았습니다. 그러나 새어머니에게는 말 못할 비밀이 있었습니다.

느낌 엿보기

4대에 걸친 가족과 이웃 사람들이 많이 등장해 조금 복잡했습니다. 그리고 모두 어떻게든 어려움을 이겨내고 행복을 찾아가려고 노력하는 모습이 안타까웠습니다.

가족이란 무엇인지, 부부란 무엇인지, 부모와 자식 사이란 어떤 것인지, 잘 모를 내용도 조금은 있었습니다. 우리나라 사람들은 참 어려운 시대를 많이 겪었다는 느낌이 들었습니다.

책을 보면서 아래 물음에 답하세요.

① 계숙이에게 할미꽃 이야기를 해 준 사람은 누구였습니까?

② 할아버지는 수술로 파편을 몇 개 들어냈습니까?

③ 새어머니는 어느 나라에서 왔습니까?

이 책을 다 읽고 난 느낌을 간단히 써 보세요.

♥ 2003년 10월 처음 펴냄. 글 윤기현. 그림 김명하. 펴낸 곳 사계절. 240쪽. 7,500원

독후감 예문

감동적인 이웃 이야기
-〈우리 이모는 4학년〉을 읽고

신촌초등학교 4학년 5반 남예현

이 책에는 감동적인 이야기가 많이 나온다. 내가 지금부터 할 이야기는 '우리 이모는 4학년'과 '아버지의 얼굴'이다.

'우리 이모는 4학년'에서 문한이란 아이는 풍선껌을 좋아해서 엄마 금고에 있는 돈을 훔쳐 풍선껌을 사 먹었다. 어느 날 의자에 올라가 돈을 꺼내고 있는데, 갑자기 이모가 들어와서 문한이가 넘어졌다. 이모는 문한이를 부축해 주었다.

이모가 시골로 돌아가야 할 날이 왔다. 이모는 문한이에게 귓속말로 다음에는 그러지 말라고 하고, 자기 돈을 금고에 넣어두었다고 했다.

문한이가 부럽다. 왜냐하면 엄마나 누나처럼 잘 대해 주는 이모가 있기 때문이다. 나도 이런 언니나 이모가 있었으면 좋겠다.

'아버지의 얼굴'에서 수남이네 아버지는 3년 전에 교통사고를 당해 얼굴에 큰 상처가 있다.

어느 날, 수남이는 연극 연습을 마치고 친구들과 함께 집으로 갔다. 그런데 수남이 친구들은 수남이 아버지의 얼굴을 보고 말하였다.

"누구야?"

"무서워, 괴물 같아."

며칠 후, 학교 행사인 아버지 잔치에 수남이는 아버지가 부끄러워서 초대하지 않았다. 선생님 전화가 집으로 와서 그 사실을 알게 된 어머니는 수남이를 혼냈다. 집 앞에서 그것을 본 아버지는 슬퍼서 눈물을 흘렸다.

수남이 아버지가 불쌍하다. 왜냐하면 단지 얼굴에 흉터(상처)가 있다는 이유로 주변 사람들이 싫어하기 때문이다. 나는 혹시 그런 경우가 되더라도 그러지 말아야겠다.

이제부터 여러분이 원고지 5매에 독후감을 씁니다. 무엇을 쓰든지 마음 편하게, 침착하게, 천천히 쓰기 바랍니다. 글을 쓰기 전에 날짜를 원고지 위에 꼭 쓰기 바랍니다. 나중에 다시 보는 날이 반드시 있을 것입니다.

_____ 년 ____ 월 ____ 일

NO

20 · 10

20 × 10

20 × 10

20 × 10

20 × 10

6월

어울림의 달

유월은 더불어 사는 것, 어울려 사는 것, 나를 있게 한 뿌리인 조국을 생각해 보는 달입니다. 유월은 '호국·보훈'의 달이라고 합니다. 나라를 사랑하고 나라를 위해 애쓰다가 돌아가신 분들을 기리는 마음을 가슴 깊이 새기는 달입니다.

우리는 같은 민족끼리 총을 겨누며 싸웠던 아픈 기억을 갖고 있는 나라입니다. 다시는 이 땅에서 피 흘리는 일이 없어야 합니다. 이 달만이라도 나라와 민족에 대해 생각해 보고, 그래서 함께 사는 것이 무엇인지, 더불어 잘 살기 위해 어떤 마음가짐이 필요한지 생각해 봅시다.

전쟁의 경험을 가지지 않은 어린이들로서는 '호국·보훈'이라는 말이 참으로 어려운 말일 것입니다. 그리고 그러한 글감을 가지고 글을 써야 했던 경험도 있을 것입니다. 전쟁을 겪은 할아버지, 할머니의 경험을 듣거나 관련된 책과 영상물을 보면 조금이라도 우리 민족의 아픔을 이해하게 될 것입니다.

이 달에 읽을 책은 호국·보훈에 관한 책들이어야겠지만, 넓은 범위에서 연관하여 여러분이 속해 있는 작은 사회나 학교, 친구에 관한 책을 읽도록 합니다. 이제, 여러분은 가정의 범위를 벗어나 어울림의 사회, 또는 국가를 바라보아야 할 때가 된 것입니다.

아주 작은 학교

줄거리

　정우는 아빠와 함께 송화리에 가게 됩니다. 송화리는 아빠의 고향입니다. 그곳에 간 정우는 폐교가 된 작은 학교를 하나 봅니다. 운동장에서 도꾸와 함께 혼자 놀고 있는 윤재도 알게 됩니다.

　학생이 없어 문을 닫은 학교지만 그 동네에 살던 모든 사람들의 추억이 어린 학교입니다. 어른들은 그날 밤, 모든 마을 사람들이 힘을 모아 학교를 지을 때와 학교 다닐 때 있었던 이야기에 시간 가는 줄 모릅니다.

　정우는 그 작은 학교에 마음을 빼앗겼습니다. 학교에 얽힌 이야기에서 너무나 많은 것을 알게 되었습니다. 특히 아빠의 과거를.

느낌 엿보기

　나는 송화리도 모르고, 폐교라는 것도 잘 모릅니다. 그런데 이상하게 그 작은 학교는 마치 내가 다녔던 학교 같은 기분이 듭니다. 언젠가 잠깐이라도 말입니다.

　허풍떨던 아빠와 그 아빠의 비밀을 알아내 고소해 하는 아이의 마음이 재미있습니다. 그런데 어른들의 세계에는 과거라는 것이 상당히 크게 자리잡고 있는 것 같습니다.

책을 보면서 아래 물음에 답하세요.

① 갱샘이 아저씨의 진짜 이름은 무엇입니까?

② 아빠는 2학년 때 반장 자리를 무엇을 주고 샀습니까?

③ 주인공이 뛰어내리다 다친 나무는 무슨 나무입니까?

이 책을 다 읽고 난 느낌을 간단히 써 보세요.

♥ 2004년 3월 처음 펴냄. 글 이금이. 그림 원유미. 펴낸 곳 푸른책들. 128쪽. 7,800원

프린들 주세요

줄거리

닉은 유별난 아이입니다. 말썽꾸러기는 아니지만 그렇다고 얌전한 아이도 아닙니다. 좋게 말해 창의성이 있는 아이입니다.

그레인저 국어 선생님은 엄격하고 숙제도 많이 내줍니다. 닉과 그레인저 선생님의 대결이 치열하게 벌어집니다.

닉은 선생님의 말을 교묘히 이용해 새로운 낱말을 만들어냄으로써 선생님을 곤란하게 만듭니다. 볼펜을 프린들이라고 부르는 거지요.

프린들이란 말은 곧 학교에서 크게 유행하더니 마침내 신문사와 방송국에서도 다루게 됩니다. 닉이 선생님을 이긴 것입니다. 그러나 과연 닉이 진정한 승리자일까요?

느낌 엿보기

재치 있고 아이디어가 반짝이는 닉의 행동도 재미있지만, 엄격한 그레인저 선생님의 제자 사랑도 멋있었습니다. 일부러 악역을 맡고 닉의 '낱말 전쟁'에서 간접적으로 도움을 아끼지 않는 선생님, 그 분께 박수를 보냅니다!

그런데 말입니다, 말이란 것이 언제부터 어떻게 생겨서 지금까지 쓰이고 있는지 그것이 참으로 궁금해집니다.

책을 보면서 아래 물음에 답하세요.

① 링컨초등학교 학생들에게 가장 끔찍한 것은 무슨 시험입니까?

② '프린들'이라는 이름의 상표권을 청구하라고 한 사람은 누구였습니까?

③ 그레인저 선생님이 마지막에 닉에게 보낸 것은 무엇이었습니까?

이 책을 다 읽고 난 느낌을 간단히 써 보세요.

♥ 2001년 12월 처음 펴냄. 글 앤드루 클레멘츠. 햇살과 나무꾼 옮김. 펴낸 곳 사계절. 154쪽. 7,500원

로테와 루이제

줄거리

　　머리 모양만 다르고 생김새가 똑같은 두 여자 아이가 여름 캠프에서 만납니다. 한 핏줄도 아닌데 닮았다는 것은 자존심 상하는 일이지요. 곱슬머리와 땋은머리는 만나는 순간부터 서로 뽀로통하게 지내지만 호기심을 가지게 됩니다.

　　두 아이는 차츰 가까워지면서 출생에 관한 엄청난 비밀을 알게 됩니다. 엄마 아빠가 똑같다는 것을 안 것입니다. 엄마 아빠가 쌍둥이를 낳아 놓고 하나씩 데리고 헤어졌던 것입니다.

　　두 아이는 깜찍한 음모를 꾸밉니다. 서로 바꿔서 집에 돌아가는 겁니다. 엄마 아빠는 바뀐 아이를 알아볼까요?

느낌 엿보기

　　나에게 숨겨진 쌍둥이가 어딘가에 살고 있다면 어떨까? 만나 보고 싶기도 하겠지만 겁도 납니다. 성격은 어떨까? 생김새는 어떨까? 하지만 꼭 만나고 싶고, 왜 그렇게 되었는지도 반드시 알아 볼 것입니다.

　　아, 그런 일은 책에서나 일어나는 일이었으면 좋겠습니다.

책을 보면서 아래 물음에 답하세요.

1 로테와 루이제가 처음 만난 캠프는 산에 있었습니까, 바닷가에 있었습니까?

2 두 아이 아빠의 직업은 무엇입니까?

3 엄마 아빠는 훌륭한 사람들입니까? 불쌍한 사람들입니까?

이 책을 다 읽고 난 느낌을 간단히 써 보세요.

♥ 2000년 2월 처음 펴냄. 글 에리히 캐스트너. 그림 발터 트리어. 김서정 옮김. 펴낸 곳 시공주니어. 232쪽. 6,000원

영구랑 흑구랑

내용

동화작가 이금이의 첫 동화집입니다. 1991년에 처음 나왔다가 내용을 조금 바꾸어 새롭게 펴냈습니다. '영구랑 흑구랑' '선생님의 볼우물' '산딸기' '봉삼 아저씨' 등 15편의 짧은 이야기가 있습니다.

지은이는 동화를 쓰는 일이란 마음의 눈을 맑게 하는 일이라고 생각하며, 아이의 마음을 갖고 싶고, 아이의 눈빛을 닮고 싶다고 했습니다. 그래서 이 이야기들은 아이들의 천진난만한 얼굴과 어른들의 정겨운 삶의 모습에 웃음을 터뜨리고 눈물을 찔끔 흘리다 보면, 어느새 우리들 마음도 한껏 넉넉해짐을 느낄 수 있는 이야기들입니다.

느낌 엿보기

아이들과 어른들과 자연이 마치 서로 이야기를 나누고 있는 것 같았습니다. 특별히 재미가 있는 것도 아니고, 교훈을 주는 것도 아닌 것 같은데 이상하게 마음에 착 달라붙는 기분을 주는 이야기들입니다.

아쉽기도 하고, 안타깝기도 하고, 마음이 편해지기도 하는 사이에 어느새 책 한 권을 다 읽고 말았습니다.

책을 보면서 아래 물음에 답하세요.

1 흑구가 아주 싫어하는 것은 무엇이었습니까?

2 흰나비나무는 사실 무슨 나무였습니까?

3 정애에게 산딸기를 따다 준 사람은 누구였습니까?

이 책을 다 읽고 난 느낌을 간단히 써 보세요.

♥ 2002년 4월 처음 펴냄. 글 이금이. 그림 성병희. 펴낸 곳 푸른책들. 232쪽. 7,800원

쌍둥이의 계획
-〈로테와 루이제〉를 읽고

신촌초등학교 4학년 6반 천승욱

재미있기도 하고 마음에 감동을 주는 책이었다. 주인공은 로테와 루이제라는 여자 쌍둥이다. 이 쌍둥이의 부모님은 이혼을 하여 엄마는 로테를, 아빠는 루이제를 데리고 헤어졌다. 그런데 놀랍게도 그 쌍둥이들은 서로를 몰랐다. 아주 어렸을 때 이혼을 하였기 때문이다.

로테와 루이제가 처음 만난 것은 여름 캠프에서였다. 둘은 너무 닮아 깜짝 놀랐다. 처음엔 서로 싫어하였지만 닮은 걸 신기해 하는 것이 아이들의 마음이 아닐까? 그래서 소중한 친구가 되어 지냈다. 마침내 출생의 비밀을 알게 되었다. 둘이 쌍둥이라는 것을 알게 된 것이다.

로테와 루이제는 아주 깜찍하고 대담한 계획을 세웠다.

"우리 서로 다르게 분장하고 집을 바꾸어 돌아가자! 그 다음에 엄마와 아빠가 다시 결혼하게 하는 거야!"

둘은 마음이 맞아서 계획을 실천하고, 결국 다시 부모님을 결혼하게 만들었다. 아이들을 이길 부모는 없다는 옛말이 있다는데 정말인가 보다.

로테와 루이제는 정말 대단하다. 그런 일을 꾸몄으니까 말이다. 그리고 가정의 행복을 위해 애쓰는 두 아이의 모습이 너무 기특하게 보인다. 집에서 불평이 많은 친구들이 이 책을 한번 봤으면 좋겠다.

사실 나는 이런 일은 상상하기도 싫다. 엄마 아빠가 헤어진다는 걸. 그렇지만 그 같은 일이 생긴다면, 또 쌍둥이가 어딘가에 숨겨져 있다면, 차근차근 작전을 세워서 아름답게, 누구도 마음 상하지 않게, 서로 사랑하는 가족이 되도록 만들 것이다.

이제부터 여러분이 원고지 5매에 독후감을 씁니다. 무엇을 쓰든지 마음 편하게, 침착하게, 천천히 쓰기 바랍니다. 글을 쓰기 전에 날짜를 원고지 위에 꼭 쓰기 바랍니다. 나중에 다시 보는 날이 반드시 있을 것입니다.

_____ 년 _____ 월 _____ 일

NO

20 · 10

20 × 10

20 × 10

7월

자연의 달

7월은 장마가 끝나고 여름방학이 시작되는 달입니다. 많은 자연의 변화를 크게 되고 야외 활동이 활발하게 이루어지는 달입니다. 미리부터 활동 계획과 방학 계획을 세워 보는 것이 좋겠지요. 방학은 평소에 하지 못했던 현장 체험, 여행, 독서 하기에 좋은 기회입니다.

자연 속에 한번 파묻혀 보면 어떨까요. 나무들 우거진 숲속에서 나뭇잎 사이로 떨어지는 빗방울에 온몸을 적셔 보는 것도 아름다운 추억을 만드는 일입니다. 어두운 밤하늘의 별을 바라보고 내 별을 하나 만드는 것으로 이 여름을 시작하는 것도 좋겠지요. 그리고 환경을 생각해 보는 시간을 가지는 것도 필요합니다. 하나뿐인 지구는 우리가 지켜야 하기 때문입니다. 자연 속에 파묻히는 직접 경험과 책을 통한 간접 경험으로 7월을 보람 있게 보내기 바랍니다.

이 달에 읽을 책들은 자연에 관한 책들입니다. 아름다운 자연을 보면 아름다운 마음을 가지게 됩니다. 그러면 자연히 환경도 생각하게 되겠지요. 그리고 이 달에는 시집도 한 권 읽어 보도록 합니다.

곤충의 비밀

내용

　지구상에는 살아가는 방식이 다양한 수많은 동식물이 살고 있습니다. 비록 크기는 작지만, 지구상에 가장 많이 살고 있는 곤충에 대한 이야기 24편이 사진과 함께 실려 있습니다.

　쌍상별의 자식 사랑, 숲 속의 일급 재단사 가위발레, 소낙비 합창단 매미, 들녘의 방랑자 나비, 곤충의 신비한 사랑 나누기, 곤충의 낮과 밤 등입니다.

　작고 힘없는 곤충들이 어떻게 자신의 몸을 지키며 종족을 번식시켜 가는지 알 수 있습니다. 또한 곤충의 생김새, 집의 구조, 먹는 습성 등 신비하고 때로는 비밀스러운 세계를 엿볼 수 있습니다

느낌 엿보기

　이 책에 실려 있는 24편의 곤충에 대한 이야기와 선명한 사진을 보니 사진 찍고 글 쓴 작가 선생님의 인내와 노력이 엄청났던 것 같아 보였습니다.

　곤충에 대해 알아야 할 것이 너무 많았습니다. 신기한 것도 많았습니다. 같은 동물이라도 소나 개 같은 큰 동물과 이렇게 작은 동물인 곤충은 아주 달랐습니다. 곤충에 대해서 알면 알수록 사랑하게 될 것 같습니다.

책을 보면서 아래 물음에 답하세요.

① 풍뎅이 무리 가운데 가장 힘센 풍뎅이는 무슨 풍뎅이입니까?

② 우리나라에 살고 있는 매미 이름 다섯 가지만 써 보세요.

③ 지금 곤충은 점점 늘고 있습니까? 줄고 있습니까?

이 책을 다 읽고 난 느낌을 간단히 써 보세요.

♥ 2000년 7월 처음 펴냄. 글ㆍ사진 이수영. 펴낸 곳 예림당. 224쪽. 12,000원

뒷뚜르 이렁지의 하소연

내용

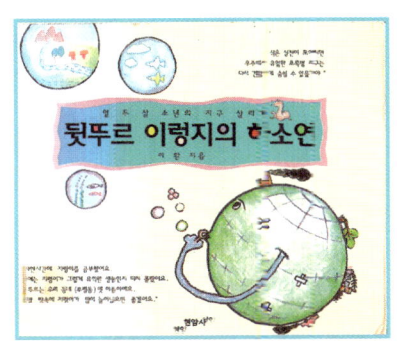

'지구 사랑과 환경 보호'라는 커다란 목표를 가진 춘천에 사는 이완이라는 어린이가 초등학교 3학년 때부터 6학년까지 3년 반에 걸쳐 갈고 다듬은 자연과 환경에 관한 글들입니다. 식물, 동물, 별, 인간이 주인공입니다.

뒷뚜르는 이완이 사는 동네의 옛 이름이고, 이렁지는 지렁이의 이름입니다. 한 어린이가 자연을 사랑하는 마음으로 열심히 조사하고, 깊이 생각하여 쓴 글들입니다. 어린이가 걱정해야 할 만큼 우리 지구의 환경은 심각하게 위협받고 있는 것입니다.

느낌 엿보기

나도 이 세상에서 지렁이가 제일 징그럽다고 행각했습니다. 비 오는 날 흙이 있는 곳을 지나가다가 꿈틀거리는 지렁이를 보기라도 하면 '으악' 소리가 절로 나왔습니다.

이 책을 보고 생각이 달라졌습니다. 생김새는 조금 이상해도 지렁이가 하는 일은 자연에게 있어 참으로 중요한 일이었습니다. 지렁이를 새롭게 다시 알게 되어 기쁩니다. 그리고 자연이란 참 신비스러운 것이라는 생각도 들었습니다.

책을 보면서 아래 물음에 답하세요.

1 지렁이 몸의 마디는 보통 몇 개~몇 개입니까?

2 지렁이는 무엇을 먹고 삽니까?

3 지렁이가 땅속에서 계속 움직이면 결국 식물의 어느 부분에 도움을 줍니까?

이 책을 다 읽고 난 느낌을 간단히 써 보세요.

♥ 1994년 12월 처음 펴냄. 글 이완. 그림 원유미. 펴낸 곳 현암사. 130쪽. 7,500원

하늘로 날아간 집오리

내용

　농촌에서 태어나서 자란 것을 행운이라고 생각하는 지은이가 우리나라 산과 들에 살고 있는 수달, 족제비, 살쾡이, 들쥐, 다람쥐, 집오리 같은 야생동물들을 주인공으로 쓴 이야기들입니다. 지은이가 직접 경험한 것도 있고, 친구나 어머니가 들려 준 것도 있습니다.

　지은이는 동물도 사람처럼 생각하면서 살아가고 있다고 믿고 있습니다. 슬플 때는 울고, 기쁠 때는 웃는다고 말입니다. 그리고 어린이들이 작고 하찮은 동물이라도 함부로 대하지 않기를 바라고 있습니다.

느낌 엿보기

　사람을 주인공으로 한 이야기는 좀 복잡하고 이해하기 힘들 때도 있지만 동물을 주인공으로 한 이야기들은 있었던 대로만 이야기하니까 더 재미있습니다.

　동물들은 정말 단순하고 순진한 것 같습니다. 동물들이 하는 행동들은 오직 살기 위해 타고난 본능적인 것들입니다. 그런데 사람들이 그것을 너무 몰라주는 것 같아 안타깝기도 했습니다.

책을 보면서 아래 물음에 답하세요.

1️⃣ 물귀신은 알고 보니까 무엇이었습니까?

2️⃣ 긴꼬리들쥐를 살려준 것은 누구였습니까?

3️⃣ 집오리들을 공격한 동물 세 가지를 말해 보세요.

이 책을 다 읽고 난 느낌을 간단히 써 보세요.

💙 1997년 12월 처음 펴냄. 글 이상권. 그림 장양선. 펴낸 곳 창비. 208쪽. 7,000원

우리 집 밥상

머리말 중에서

"산밭에서 고구마싹을 심다가 잠시 쉴 틈에 쓰기도 하고, 논에 모를 심다가 바람이 하도 시원하고 고마워서 쓰기도 하고, 잠자리에 들다가 갑자기 돌아가신 어머니가 보고 싶어서 쓰기도 하고, 소 팔고 난 다음날 정자나무 아래 혼자 앉아 울면서 쓰기도 하고, 동무들과 하루 일을 끝내고 밥을 나누어 먹으면서 쓰기도 했습니다.

하루라도 시를 읽거나 쓰지 않고는 살 수 없을 만큼, 시는 제게 목숨만큼 소중했습니다.

제가 시를 쓰는 손을 멈출 수 없는 까닭은 들꽃보다 아름답게 살아야 할 우리 어린이들이 늘 제 곁에 있기 때문입니다."

느낌 엿보기

하나의 밥상 위에는 농촌에서 일하는 분들의 너무나 많은 수고와 땀이 얼룩져 있음을 알았습니다. 밥 먹을 때마다 그 분들에 대해 감사하는 마음을 가져야겠습니다.

농촌 사람들이 더 중요한 일을 하는 것 같은데, 늘 힘들게 사는 것 같아 마음이 좋지 않습니다. 내가 농사를 지을 수는 없지만 내 마음에 항상 농촌을 새겨두고 싶습니다.

이 시집에서 가장 마음에 드는 시 하나를 써 보세요.

이 책을 다 읽고 난 느낌을 간단히 써 보세요.

♥ 2003년 7월 처음 펴냄. 시 서정홍. 그림 허구. 펴낸 곳 창비. 136쪽. 6,500원

촌놈
-〈우리 집 밥상〉을 읽고

신촌초등학교 4학년 5반 이도희

며칠 전, 우리 반에 대구에서 전학생이 한 명 왔다. 그 남자아이는 사투리를 써서 그런지 농촌에서 올라온 아이 같았다. 아이들이 그 남자아이를 놀리는 것 같지는 않았다. 그런데 '참고 또 참아도'라는 시에 나오는 아이는 촌에서 왔다는 이유 하나 때문에 다른 아이들의 놀림감이 되었다.

우리나라 아이들은 자신과 조금이라도 다르면 놀리기도 한다. 자신과 다르다고 해서 남을 놀리는 것은 나쁘다고 생각한다. 우리나라에서 미국으로 이민을 많이 가는데 우리나라로 이민 오는 사람은 거의 없다.

만약 우리나라로 이민 오는 사람들이 많이 생긴다면 우리는 그들을 생긴 그대로 모두 받아들여야 한다. 그리고 우리와 다르다고 놀리거나 왕따를 시켜서는 안 된다 (다른 나라 사람들이 우리나라로 이민을 많이 오지 않는다고 해도 우리는 지켜야 할 것이다).

이 시를 읽고 나는 친구를 놀리지 말아야겠다는 생각을 했다. 이 시를 쓴 시인도 시골에서 살았다는데 글쓴이가 놀림을 받았을 때의 상처를 다른 사람에게 주지 않아야겠다. 이런 교훈을 가지고 내가 시를 하나 지어 보겠다.

농촌에서 온 내 친구

내 친구 대식이는 / 농촌에서 왔다
학원 없는 / 자유의 나라 / 농촌에서 왔다
하하호호 / 웃으며 뛰노는 / 농촌에서 왔다
내 친구 대식이는 / 농촌에서 왔다

농촌에서 도시로 이사 온 아이가 있다면 난 기꺼이 그 아이의 친구가 되어줄 것이다. 농촌에서 온 아이, 농촌에서 나는 쌀과 채소는 모두 값진 것들인데 사람들이 알아주지 않아 안타깝다.

이제부터 여러분이 원고지 5매에 독후감을 씁니다. 무엇을 쓰든지 마음 편하게, 침착하게, 천천히 쓰기 바랍니다. 글을 쓰기 전에 날짜를 원고지 위에 꼭 쓰기 바랍니다. 나중에 다시 보는 날이 반드시 있을 것입니다.

_____ 년 ____ 월 ____ 일

NO

20 × 10

20 × 10

20 × 10

20 × 10

20 × 10

환상의 달

뭔가 특별한 경험을 해보고 싶은 달입니다. 더위를 이길 만한 멋진 일이 없을까요? '자전거 타고 통일전망대까지', '갯벌에서 축구하기', '하루에 산 두 개 넘기', '영화 하루 다섯 편 보기', '키 높이로 책 쌓아 놓고 읽기' 등 아주 많을 것입니다.

산이나 바다, 자연은 지금 그 절정의 모양새를 자랑하고 있습니다. 어디서든 자연을 관찰해 봅시다. 계곡, 숲, 파도, 벌레, 풀 무엇이든 좋습니다. 어디로 떠나도 좋습니다. 부모님을 조른 여행이든, 현장 학습이든, 물놀이든 무엇이든 말입니다. 내 생활이 자유롭고 내 마음이 행복할 수 있는 짜릿한 경험이 필요합니다. 꼭 멀리 여행을 떠나야 하는 것은 아닙니다. 집밖으로 나가서 새로운 느낌으로 사물을 바라보는 것은 모두 산 체험입니다.

다녀온 곳의 기념품들을 모아서 글과 함께 앨범을 하나 만들어 봅시다. 사진, 입장권, 안내문, 조개껍질, 풀잎, 꽃 한 송이, 이런 것들을 붙인 후, 그때의 느낌을 글로 정리하면 나만의 멋진 작품이 될 것입니다. 한 여름 더위와 싸우면서 즐긴 나만의 체험들로 풍성한 여름, 뜨거운 여름의 일지를 만들어 봅시다.

이 달에 꼭 해야 할 일은 책을 많이 읽어야 한다는 것입니다. 어디를 가든, 항상 읽을 책 몇 권 가지고 떠나는 것이 좋겠지요? 파도 소리 들으며, 매미 소리 들으며 책장을 넘긴다는 것 자체가 '환상' 아닙니까?

이 달에 읽을 책 네 권은 환상적인 분위기를 자아내는 책들입니다.

어린이 산해경

내용

　중국의 아주 오래 된 옛날 책으로 지리, 생물, 역사, 신화의 총집합이라고 할 수 있는 아주 기이한 책입니다.

　여기에는 30편의 이야기가 있습니다. 사람과 하늘이 만들어진 이야기로부터, 인간이 자연과 어떻게 조화를 이루며 살아가게 되는지 등의 이야기가 있습니다.

　고대 중국인들의 상상력과 그들의 삶에 대한 태도, 세계를 어떻게 보고 있는가를 알 수 있습니다. 우리의 신화, 서양의 신화와 비교해 볼 수 있는 좋은 기회이기도 합니다.

느낌 엿보기

　책으로든 만화로든 그리스 · 로마 신화만 읽었는데 이 책을 보고 나서 생각이 바뀌었습니다. 중국에도 엄청난 신화가 있다는 것을 알게 되었기 때문입니다. 앞으로 기회 있으면 중국 신화를 더 보고 싶습니다.

　우리나라 신화와 중국 신화, 서양 신화에 공통점이 있기도 하고, 한 뿌리에서 갈라져 나온 것 같기도 합니다. 과연 인간의 먼 조상은 언제 어디서 어떻게 갈라졌을까요?

책을 보면서 아래 물음에 답하세요.

① 여와는 자신의 모습을 따라 만든 생물을 무엇이라고 불렀습니까?

② 예의 아내의 이름은 무엇입니까?

③ 우의 아들 이름은 무엇입니까?

이 책을 다 읽고 난 느낌을 간단히 써 보세요.

♥ 2003년 8월 처음 펴냄. 글 장수철. 그림 고광삼. 펴낸 곳 대교. 152쪽. 8,000원

명화 그리스 신화

내용

그리스와 로마 신화를 주제로 하여 3천 년 전의 시인들이 만들어 낸 20편의 이야기와 훗날의 유명한 화가들이 그린 그림들입니다.

그리스 신들의 탄생부터 신과 인간들의 관계, 인간과 인간들 사이의 이야기들이 흥미롭게 전개되고 있습니다. 제우스의 탄생, 프로메테우스의 벌, 스핑크스의 수수께끼, 평화를 원하는 사비나의 여인들 등입니다.

이 이야기와 그림들을 보면 신화와 더욱 가까워질 수 있고, 서양화의 흐름을 알 수 있습니다.

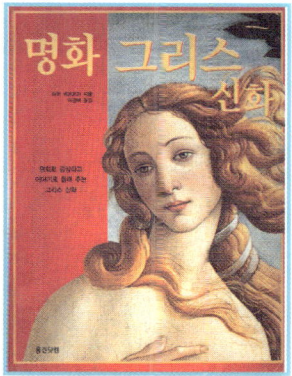

느낌 엿보기

그리스 로마 신화는 서양 문화의 뿌리라고 합니다. 그래서 수천 년 동안 수없이 많은 책과 그림이 만들어졌다고 합니다. 이 책도 그런 책 중의 하나인 것 같습니다.

서양에는 이렇게 신화를 바탕으로 한 이야기나 그림이 많은데 왜 동양에는 별로 없는지요? 동양과 우리나라에도 신화를 이렇게 멋있게 표현한 책이 많이 나왔으면 좋겠습니다.

책을 보면서 아래 물음에 답하세요.

① 프로메테우스는 인간에게 무엇을 주었기 때문에 벌을 받았습니까?

② 나르키소스는 물에 비친 무엇을 보고 넋을 잃었습니까?

③ 스핑크스가 오이디푸스에게 물은 수수께끼의 답은 무엇이었습니까?

이 책을 다 읽고 난 느낌을 간단히 써 보세요.

♥ 2001년 10월 처음 펴냄. 글 마리 베르트라. 이경혜 옮김. 펴낸 곳 웅진주니어. 88쪽. 10,000원

마녀 바바야가가 살고 있는 나라

내용

바바야가는 러시아 민화에 자주 나오는 못생긴 할머니 마녀입니다. 어떤 때는 착하게, 어떤 때는 아주 고약하게 나옵니다. 이 책에는 바바야가가 등장하는 러시아 민담 다섯 편이 실려 있습니다.

이 이야기들은 이미 어린이들을 위한 '고전' 이며 '줄기' 가 되어버린 유명한 러시아의 민담들입니다.

이 민화들의 배경과 전개 방식은 우리와 많이 다르지만 비슷한 면도 있습니다. 착한 사람이 이기고, 나쁜 계모가 등장하고, 사람이 동물로 변신하는 것 등입니다. 특히 이 책의 그림들은 아주 독특합니다.

느낌 엿보기

러시아라고 하면 어둡고 추운 나라라는 생각이 듭니다. 그래서 그런지 그곳의 이야기도 어딘지 모르게 음산하고 차갑게 느껴집니다. 여기 나오는 이야기들도 조금 그렇습니다.

이 민화들은 몹시 특이하지만 우리와 약간의 공통점도 있는 것 같습니다. 하여튼 무시무시하다는 기분으로 서늘하게 이 책을 읽었습니다. 더운 여름에 읽기 딱 좋은 책입니다.

책을 보면서 아래 물음에 답하세요.

1 마리우츠카는 나막신 몇 켤레를 가지고 떠났습니까?

2 돌아가신 엄마가 바씰리사에게 남겨준 것은 무엇이었습니까?

3 개구리 공주의 남편 이름은 무엇입니까?

이 책을 다 읽고 난 느낌을 간단히 써 보세요.

♥ 2000년 7월 처음 펴냄. 세실 테루안느 엮음. 이반 야코블레비치 빌리빈느 그림. 윤정임 옮김. 펴낸 곳 디자인하우스. 96쪽. 6,800원

찾아라, 고구려 고분벽화

추천의 말 중에서

"달기와 그의 친구들이 컴퓨터 속의 '아! 고구려' 방이라는 비밀의 문을 통해 고분벽화 속으로 들어가, 고구려 역사를 직접 체험하고, 우리 문화와 민족의 소중함을 깨닫는다는 줄거리를 큰 틀로 하고 있는 환상과 모험을 소재로 한 동화입니다.

무엇보다도 드넓은 대륙의 요동 벌판에 남겨 놓은 우리 조상들의 영광스런 발자취를 그리며, 무한한 재미로 가득 찬 동화의 세계로 빠져들게 하는 우리 시대의 새로운 동화라고 하겠습니다."

느낌 엿보기

고구려 고분벽화가 많이 망가지고 사라지고 있다니 화가 납니다. 또 우리나라가 중국의 식민지였다고 주장하는 중국학자들이 있다고 하는데, 이것도 참기 어려운 일입니다. 중국 사람들이 어거지로 자기들의 주장을 내세우는 동안 우리는 무엇을 했나요? 고구려 할아버지들이 땅속에서 통곡을 할 일입니다.

책을 보면서 아래 물음에 답하세요.

1 고구려 벽화에 그려진 네 수호신의 그림을 무엇이라고 합니까?

2 시월에 있는 고구려의 큰 잔치를 무엇이라고 합니까?

3 가람뫼가 가르쳐 준 비밀번호는 몇 번입니까?

이 책을 다 읽고 난 느낌을 간단히 써 보세요.

♥ 2002년 12월 처음 펴냄. 글 이경순. 그림 류제진. 펴낸 곳 창해. 216쪽. 7,500원

잃어버린 고구려 고분벽화

-〈찾아라, 고구려 고분벽화〉를 읽고

황룡초등학교 4학년 1반 천희원

달기, 석주, 문수, 은수라는 컴퓨터 4총사가 있었다. 모두 장난꾸러기다. 하루는 달기가 컴퓨터 해킹을 하다가 '아! 고구려!'라는 모임방이 있길래 들어가려고 했다. 그런데 모임방이 열리지 않아서 친구들을 불렀으나 친구들은 가짜라며 믿지 않았다.

하루는 달기가 컴퓨터를 틀고 고구려 방에 들어가려고 엔터키를 눌렀는데 이상하게 깜깜하고 축축한 데로 와 버렸다. 그리고 갑자기 웬 이상한 아이의 목소리가 들려왔다. 그 아이의 이름은 가람뫼였다. 달기는 가람뫼와 많은 이야기를 나누었다. 헤어질 시간이 되어서 달기는 다시 컴퓨터에서 나왔다.

달기는 친구들에게 컴퓨터 안으로 들어갔었다고 말했지만 믿지 않았다. 그래서 달기네로 와서 고구려 모임방을 누르니 컴퓨터 안으로 들어가고 가람뫼가 다시 나타났다. 모두 고구려 시대로 떠났다. 도착한 곳은 학교였다. 사람들은 고구려 복장을 하고 활을 들고 있었다. 활도 쏘고 말도 타고 여러 가지 공부도 했고, 평강 공주도 보고 안시성 싸움에도 직접 참여했다.

그런데 요즘에는 모임방에 들어갈 때마다 가람뫼가 기운이 없어 보였다. 그리고 힘도 떨어지고 있는 것 같았다. 그래서 물어보니 벽화에 있던 그림들이 사라진 것에 대해 이야기했다. 그래서 고민을 풀어주기로 했다. 중국 정부에서 훔쳐간 것 같아서 중국의 비밀번호를 알아냈다. 하지만 추적당해서 찾기가 쉽지 않았다.

난 달기가 벽화의 그림을 찾았으면 좋겠다. 그리고 고구려 고분벽화를 자기네 것이라고 우기는 중국이 밉다. 앞으로 우리나라가 더욱 발전하고, 통일도 해서 중국을 이겨 고분벽화를 찾았으면 좋겠다.

이제부터 여러분이 원고지 5매에 독후감을 씁니다. 무엇을 쓰든지 마음 편하게, 침착하게, 천천히 쓰기 바랍니다. 글을 쓰기 전에 날짜를 원고지 위에 꼭 쓰기 바랍니다. 나중에 다시 보는 날이 반드시 있을 것입니다.

_____ 년 ___ 월 ___ 일

20 × 10

20 × 10

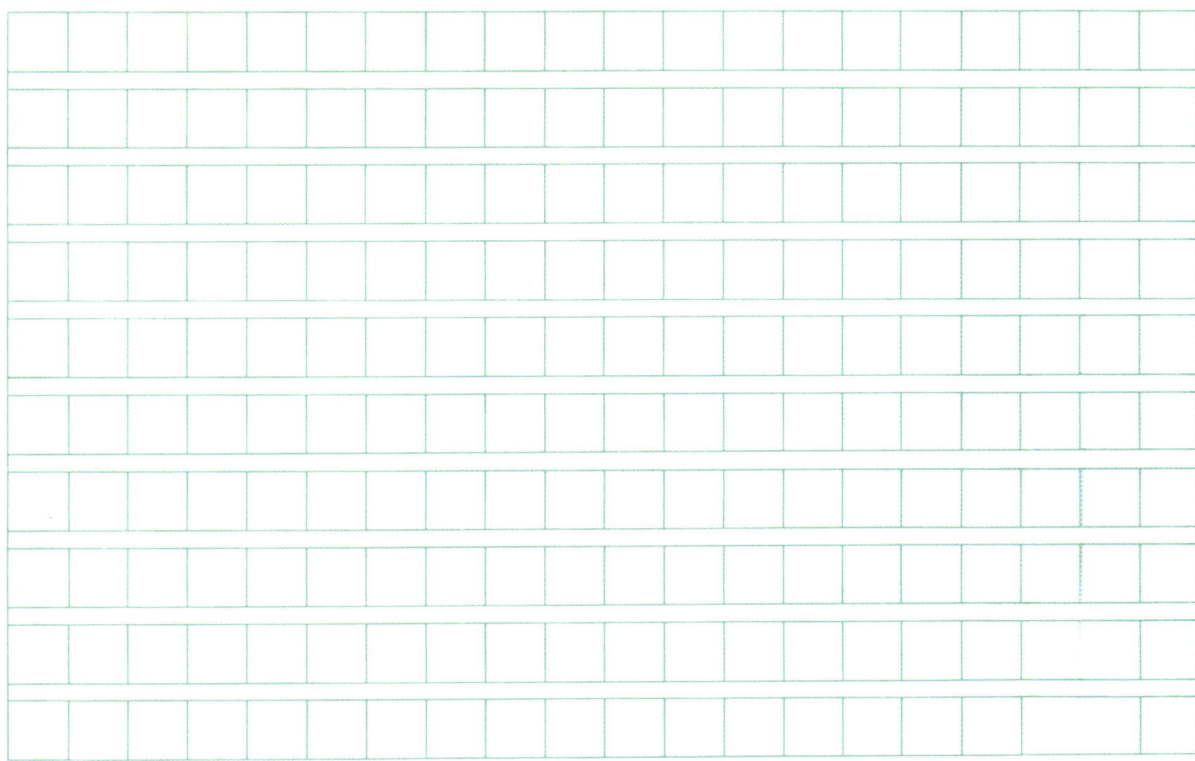

9월

독서의 달

아침 저녁으로 스치는 서늘한 한 줄기 바람에 지난 여름에 흘린 땀의 뜻을 되새겨 봅니다. 뜨거운 태양 아래 느슨하게 지냈던 여름방학을 뒤로 하고 가을을 맞이했습니다. 들리지 않던 풀벌레 소리가 귓가에 들리기 시작합니다.

1학기와 크게 다를 것은 없겠지만, 2학기가 시작되었습니다. 벌써 한 학년의 반이 지나갔습니다. 가을과 2학기, 열매를 맺을 준비를 해야겠습니다.

이 좋은 계절에 무엇을 하면 가장 좋을까요? 노는 것이 제일 좋겠지요. 그러나 놀기만 할 수는 없겠지요. 책도 읽어야죠. 이 달은 독서의 달입니다. 너무 놀기만 할까 봐 독서의 달로 정했나요? 아니면 독서하기 아주 좋은 달이니까 독서의 달로 정했나요?

9월이 독서의 달이기는 하지만 독서란 특별히 한 달 정해 놓고 할 일이 아닙니다. 그래서 이 달에는 크게 마음먹지 않고는 읽기 쉽지 않은 긴 책을 읽어 도도록 하겠습니다.

야생의 동물들을 주인공으로 한 책입니다. 그들이 자연 속에서 어떻게 살아가며, 인간과 그들은 어떻게 함께 살아야 하며, 그들이 우리에게 주는 교훈이 무엇인지 알려주는 이야기들입니다.

시튼 동물기 1~5

머리말 중에서

"이 이야기들은 모두 사실입니다. 비록 많은 대목에서 약간의 가공을 하긴 했지만, 이 책에 나오는 주인공들은 모두 실제로 존재했던 동물들입니다. 그들은 내가 묘사한 대로 살았으며, 그들이 보여준 영웅적인 행동과 개성을 다 표현하기에는 내 글재주가 턱없이 모자랐습니다.

동물들은 정도만 다를 뿐, 우리처럼 욕구와 감정을 가진 동물이기 때문에 그들 역시 권리를 가져야 마땅합니다. 백인종의 세계에는 이제야 알려지기 시작했지만, 이것은 이미 2000년 전에 부처가 강조했던 점입니다."

느낌 엿보기

전에는 동물들이 사람처럼 감정과 지혜가 있다는 생각을 해 본 적이 없었습니다. 그런데 이 책에 나오는 주인공 동물들을 보고 크게 놀랐습니다.

동물들도 자신들의 세계가 있었으며 영웅적인 행동은 결코 인간보다 못하지 않았습니다. 앞으로는 동물들을 볼 때 전처럼 그냥 지나쳐 볼 수가 없을 것입니다.

책을 보면서 아래 물음에 답하세요.

① 가장 재미있었던 이야기는 어느 것이었습니까?

② 가장 통쾌했던 이야기는 어느 것이었습니까?

③ 가장 감동적이었던 이야기는 어느 것이었습니까?

이 책을 다 읽고 난 느낌을 간단히 써 보세요.

....

....

....

차 례

시튼 동물기 1
* 커럼포의 늑대 왕 로보
* 산토끼의 영웅 리틀워호스
* 지혜로운 까마귀 실버스팟
* 야성의 개 빙고

시튼 동물기 2
* 고독한 회색곰 왑의 일생
* 용맹한 개 스냅
* 어미 여우 빅스의 마지막 선택

시튼 동물기 3
* 비둘기 아노스의 마지막 귀향
* 소년을 사랑한 늑대
* 하얀 순록의 전설
* 소년과 살쾡이

시튼 동물기 4
* 야생마 페이서의 최후
* 위대한 늑대 빌리의 승리
* 솜꼬리토끼 래길럭의 모험

시튼 동물기 5
* 충직한 양치기 개 울리
* 빈민가의 도둑고양이
* 목도리들꿩 레드러프의 비극

♥ 2000년 1월 처음 펴냄. 글·그림 어니스트 톰슨 시튼. 햇살과 나무꾼 옮김. 펴낸 곳 논장. 전 5권. 각권 180쪽 안팎. 각권 6,000원

혼자 자란 삶
-〈시튼 동물기〉 중에서 '고독한 회색곰 왑'을 읽고

구남초등학교 4학년 7반 최세훈

〈시튼 동물기〉라는 책을 읽었다. 이 책은 시튼이라는 사람이 야생동물들을 직접 관찰해서 쓴 것인데 진짜 있었던 동물들의 이야기를 적어 놓은 것이다. 그 중에서 '고독한 회색 곰 왑'이라는 이야기는 너무 재미있었다.

회색곰 왑은 엄마곰과 형제곰들과 함께 살고 있었다. 왑은 제일 맏형이었다. 어느 날 황소가 나타나 새끼곰들을 공격했다. 그것을 본 어미곰은 불이 나게 달려가 황소를 죽였다. 황소 주인이 화가 나서 어미곰을 총으로 쏘아 죽이고 새끼곰들까지 죽였다. 그때 왑은 숨어 있어서 죽지 않았다.

왑은 혼자 살면서 강하게 커 갔다. 왑은 숲속의 왕이 되었다. 하지만 왑은 가족이 없었고 친구도 없어서 늘 외로웠다. 왑의 성격은 매우 난폭하고 무자비하여 보이는 대로 죽이는 공포의 대상이 되었다. 그리고 사람은 모두 적이라고 생각했다.

왑도 나이를 많이 먹었다. 유황 독가스가 있는 곳에서 헤매다가 그곳에서 쓸쓸하게 죽었다. 아무리 강하고 난폭한 짐승이라도 죽음은 피할 수 없었다. 그리고 죽으면 모든 것이 허망하게 끝나 버리는 것이었다.

동물들도 사랑과 보호를 받으면 유순해지고, 버림받거나 가족을 잃으면 슬픔과 외로움 때문에 난폭해지는 것 같다. 만일 왑에게 가족이 하나라도 있었다면 사랑과 이해를 배우며 살아갔을지도 모르겠다.

사람도 어떤 면에서는 동물과 마찬가지일 것이다. 좀 거칠고 나와 성격이 맞지 않는 친구들도 그 나름의 이유가 있을 것이다. 그런 친구들을 이해하고 혹시 내가 도와 줄 일이 있는지 찾아 보아야 하지 않을까? 아니면 혹시 나에게 고쳐야 할 점이 있는 것은 아닐까?

쓰기

　이제부터 여러분이 원고지 5매에 독후감을 씁니다. 무엇을 쓰든지 마음 편하게, 침착하게, 천천히 쓰기 바랍니다. 글을 쓰기 전에 날짜를 원고지 위에 꼭 쓰기 바랍니다. 나중에 다시 보는 날이 반드시 있을 것입니다.

　　　　　　　　　　　　　　　　　　　　　　　　년　　　월　　　일

　　　　　　　　　　　　　　　　　　　　　　　　　　　NO

20 × 10

20 × 10

20 × 10

20 × 10

20 × 10

10월

예술의 달

　높고 푸른 하늘과 색깔이 변하기 시작한 나뭇잎을 바라보면서 두리번거리는 계절, 깊어가는 가을의 한복판 10월입니다. 만발한 가을꽃과 풍요롭게 익은 과일들도 짙은 향기와 달콤한 냄새를 풍기며 코끝을 간지럽힙니다.

　가을의 색깔을 흰 종이 위에 그리고 싶고, 가을의 소리를 콧노래로라도 흥얼거리고 싶습니다. 가을의 멋과 맛을 이대로 그냥 지나쳐 버리기에는 너무 아깝습니다. 가까운 공원, 고궁, 그림 전시회, 음악회, 아니면 먼 산이나 바다로 여행을 떠나 가을의 잔치를 맘껏 즐겨 보기 바랍니다. '가을의 색깔, 가을의 소리'라는 글감으로 짧은 글이라도 한 편 써 보아야 할 것 같습니다.

　이 달에는 음악과 미술로 표현된 예술의 세계를 깊이 느껴 보고, 예술가들의 성애에 대해서도 함께 살펴봅니다. 인간과 자연의 아름다움을 표현하고자 하는 뛰어난 영혼의 소유자들을 직접 만나 보고, 그들과 마음으로 아름다움에 대해 이야기를 나누어 보기 바랍니다. 그리고 우리는 예술에 어떻게 접근해야 하는가도 한번 생각해 보기 바랍니다.

세계의 음악 50선

내용

　클래식 음악 중에서 널리 알려져 있고 많은 사랑을 받고 있는 50곡에 대해 곡, 작곡가, 뒷이야기 등을 재미있게 이야기하고 있습니다. 크게 관현악곡, 교향곡, 협주곡, 성악곡, 오페라 등으로 나누었습니다.

　고전음악은 외워야 할 것도 많고 어렵다고 생각할 수도 있지만, 열심히 듣다 보면 '아! 이래서 고전 음악을 예술이라고 하는 구나.' 라는 것을 알 수 있습니다.

　시간 나는 대로, 기회 닿는 대로 여기 나오는 음악들을 들어 보세요. 음악이란 귀로 듣고 마음으로 느껴야 하기 때문입니다.

느낌 엿보기

　음악이란 참 좋은 것입니다. 들어서 좋고 불러서 좋고. 음악이 없다면 정말 세상이 삭막하고 재미없을 것입니다. 공부하지 말고 음악만 들었으면 좋겠습니다.

　그런데, 다시 생각해 보니 내가 좋아하는 것은 음악이 아니고 노래였습니다. 그리고 이 책에 나오는 것들은 음악이었습니다. 앞으로는 내가 좋아하는 가수의 노래만 들을 것이 아니라 이 책에 나오는 여러 가지 음악도 좀 들어 봐야겠습니다.

책을 보면서 아래 물음에 답하세요.

1. '백조의 호수' 의 여주인공은 누구입니까?

2. '아랑훼즈 협주곡' 은 무엇과 무엇을 위한 협주곡입니까?

3. 푸치니의 오페라 작품 이름 하나만 써 보세요.

이 책을 다 읽고 난 느낌을 간단히 써 보세요.

♥ 2002년 6월 처음 펴냄. 글 김선희. 그림 안드레바 예카체리나. 펴낸곳 지경사. 208쪽. 8,000원

안녕, 내 친구 루트비히 판 베토벤

줄거리

베토벤은 1770년 독일 라인 강변 본에서 음악가의 가정에서 태어났습니다. 할아버지의 이름을 따서 루트비히라고 하였습니다.

베토벤이 살던 시대는 혁명과 전쟁의 시대였고, 그의 생애는 평탄하지 못했습니다. 가족관계도 원만치 못했습니다.

그는 귀가 들리지 않았습니다. 그래서 자살까지도 생각했습니다. 그러나 그의 음악에 대한 열정은 위대했습니다. 그는 수많은 걸작들을 작곡했습니다. 그리고 죽는 순간 오른손을 허공에 대고 불끈 쥐었습니다. 그의 음악은 그때나 지금이나 인류에게 큰 기쁨을 주고 있습니다.

느낌 엿보기

나도 베토벤은 압니다. 피아노 배울 때 베토벤의 곡도 몇 곡 쳤지요. 그런데 베토벤의 귀가 들리지 않았다는 것은 몰랐습니다. 귀가 들리지 않는데 어떻게 음악가가 될 수 있었는지 상상이 잘 안 갑니다. 그것도 그렇게 위대한 작곡가가 말입니다.

베토벤이 어려움을 이겨내고 그렇게 아름답고 웅장한 곡을 작곡했다는 것이 그저 놀라울 따름입니다. 앞으로 베토벤 곡을 많이 듣고 피아노도 열심히 쳐서 그 분을 조금이라도 기쁘게 해드려야겠습니다.

책을 보면서 아래 물음에 답하세요.

1 베토벤이 어렸을 때 거닐던 곳은 어느 강가였습니까?

2 베토벤이 죽을 때까지 사랑하는 마음을 가지고 있던 여인은 누구였습니까?

3 베토벤의 장례식에는 몇 사람이나 몰려왔습니까?

이 책을 다 읽고 난 느낌을 간단히 써 보세요.

♥ 2002년 4월 처음 펴냄. 글 김용주. 그림 김명심. 펴낸 곳 교학사. 208쪽. 7,600원

우리 그림 진품명품

교과서보다 천 배 더 재미난 한국 미술사

반구대 알피화에서 이중섭까지

우리 그림 진품명품

장세현 글

봄현암사

머리말 중에서

"서양에 고흐가 있다면 우리나라엔 괴짜 화가 최북이 있습니다. 서양에 미켈란젤로의 '천지 창조'가 있다면 우리나라엔 고구려의 웅장한 벽화가 있습니다. 서양에 인상파 그림이 있다면 우리에겐 진경산수화가 있습니다. 서양에 피카소가 있다면 우리에겐 안견, 김홍도, 장승업 같은 천재 화가가 있습니다.

이 책은 원시 시대의 생활상을 엿볼 수 있는 암각화부터 고구려인의 늠름한 기상이 살아 숨쉬는 고분벽화, 고려 시대 불교 미술, 조선 시대 화가들의 멋진 산수화, 그리고 근대 미술의 개척자인 이중섭에 이르기까지 우리 미술의 흐름이 한눈에 들어오도록 꾸몄습니다."

느낌 엿보기

지금까지 우리가 문화 민족이라고 알고는 있었지만 조금 막연했습니다. 그런데 이제는 우리 민족이 얼마나 우수한 민족인가를 확실히 알았습니다.

세계의 어느 나라도 수천 년 역사를 통해 이렇게 훌륭한 미술 작품을 끊임없이 만들어 낸 나라는 없을 것입니다. 이 나라 이 땅에서 태어난 것이 정말 자랑스럽습니다.

책을 보면서 아래 물음에 답하세요.

1 반구대 암각화에는 동물 그림이 몇 점이나 그려져 있습니까?

2 '몽유도원도'는 크게 몇 부분으로 나눌 수 있습니까?

3 최북은 스스로 무엇이라고 불렀습니까?

이 책을 다 읽고 난 느낌을 간단히 써 보세요.

♥ 2004년 9월 처음 펴냄. 글 장세현. 펴낸 곳 현암사. 176쪽. 12,000원

연필을 잡으면 그리고 싶어요

내용

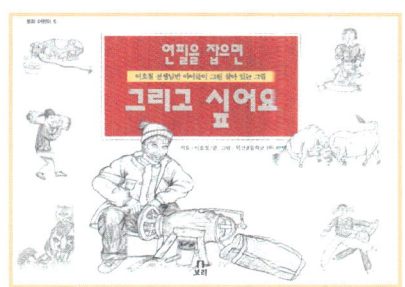

경상북도 청도에 있는 덕산초등학교 5학년 1반 어린이 19명이 이호철 선생님의 지도를 받아 그린 그림과 글들입니다.

한 어린이가 보통 두세 개의 그림을 그렸고, 많이 그린 어린이는 열 개 넘는 그림을 그렸습니다. 모두 연필로 그렸습니다. 그림마다 짧은 이야기도 한 도막씩 곁들여 놓아 그림 보는 맛을 한층 더 돋우어 주었습니다.

이 어린이들은 그림을 그리고 글을 씀으로써 사물을 관찰하고, 자신의 생각을 표현하는 능력이 많이 늘게 되었다고 합니다. 여러분도 열심히 그려 보고 글을 써 보기 바랍니다.

느낌 엿보기

이 책에는 백 개 가까운 완성된 그림이 있습니다. 이야기가 있고, 일상 생활이 표현된 것이 많습니다. 난 이 그림책을 보고 충격을 받았습니다. 사실 나는 지금까지 이 정도로 완성된 그림도 그려 본 적이 별로 없거든요.

선생님 대단하세요. 그리고 친구 여러분들도 대단해요. 이제부터 나도 무엇이든 하나를 시작하면 끝까지 해서 완성을 하겠습니다.

책을 보면서 아래 물음에 답하세요.

① 이 책에는 색깔 있는 그림이 있습니까? 없습니까?

_____

② 그림을 제일 많이 그린 어린이는 누구입니까?

_____

③ 가장 인상에 남는 그림 세 개만 골라 보세요.

_____

이 책을 다 읽고 난 느낌을 간단히 써 보세요.

_____

_____

_____

♥ 1997년 7월 처음 펴냄. 글·그림 덕산초등학교 5학년 1반 아이들. 지도 이호철. 펴낸 곳 보리. 224쪽. 9,000원

솔직함을 그리는 감동
-〈연필을 잡으면 그리고 싶어요〉를 읽고

오마초등학교 4학년 8반 황유담

이 책을 읽게 된 동기는 나의 호기심이었다. 연필로만 그린 그림 몇 십 장과 그림 하나하나에 대한 간략한 설명, '어떻게 책을 이어갈까?' 하는 물음에서부터 이 책을 보기 시작했다. 덕분에, 잘 그렸는지는 모르겠지만, 독특하고 재미있는 그림들을 많이 보게 되었다.

나에게 가장 큰 흥미를 불러 일으켰던 그림은 우리 주변에서 볼 수 있는 참새였다. 이 화가(이제는 전국에 그림이 퍼진 작가이므로, 이렇게 부르고 싶다)는 잠시만 위를 보면 찾을 수 있는 소재를 택했다. 이 친구는 연속적인 동작을 표현하여 자신만의 역동감을 자아냈으며, 구수한 사투리로 그만의 세상을 묘사했다.

'술취한 아저씨'는 작가의 순수함이 묻어나는 작품이었다. 초등학교 5학년의 눈을 통해 비춰지는 세상 같았다. 아저씨 얼굴의 깊은 주름들, 후줄근한 옷, 주변에 널려진 술병들까지, 화가의 눈에는 걱정되는 이웃 아저씨의 모습으로 비친 것 같았다.

이처럼 그림들이 시골 생활에서 흔히 볼 수 있는 것들로 구성되어 있었다. 순수한 눈을 통해 바라본 모습들, 보이는 그대로, 눈에 담기는 그대로를 그림에 옮긴 것이 좋았다. 나도 내 주변에 있는 것들을 그려 보고 싶다는 생각이 아주 많이 들었다.

나는 아주 어렸을 때부터 이런 생각을 해 본 일이 있었다. 내기 만약 도시가 아닌 시골에서 자랐다면 어떻게 되었을까? 전에는 도시가 좋고 시골은 아주 싫었는데, 지금은 다시 태어난다면 시골에서 한번 살아 보고 싶다. 그곳에서 사물에 생명을 불어넣고, 사람을 움직일 수 있는 그런 사람이 되어 보고 싶다.

이제부터 여러분이 원고지 5매에 독후감을 씁니다. 무엇을 쓰든지 마음 편하게, 침착하게, 천천히 쓰기 바랍니다. 글을 쓰기 전에 날짜를 원고지 위에 꼭 쓰기 바랍니다. 나중에 다시 보는 날이 반드시 있을 것입니다.

_____ 년 ____ 월 ____ 일

NO

20 × 10

20 × 10

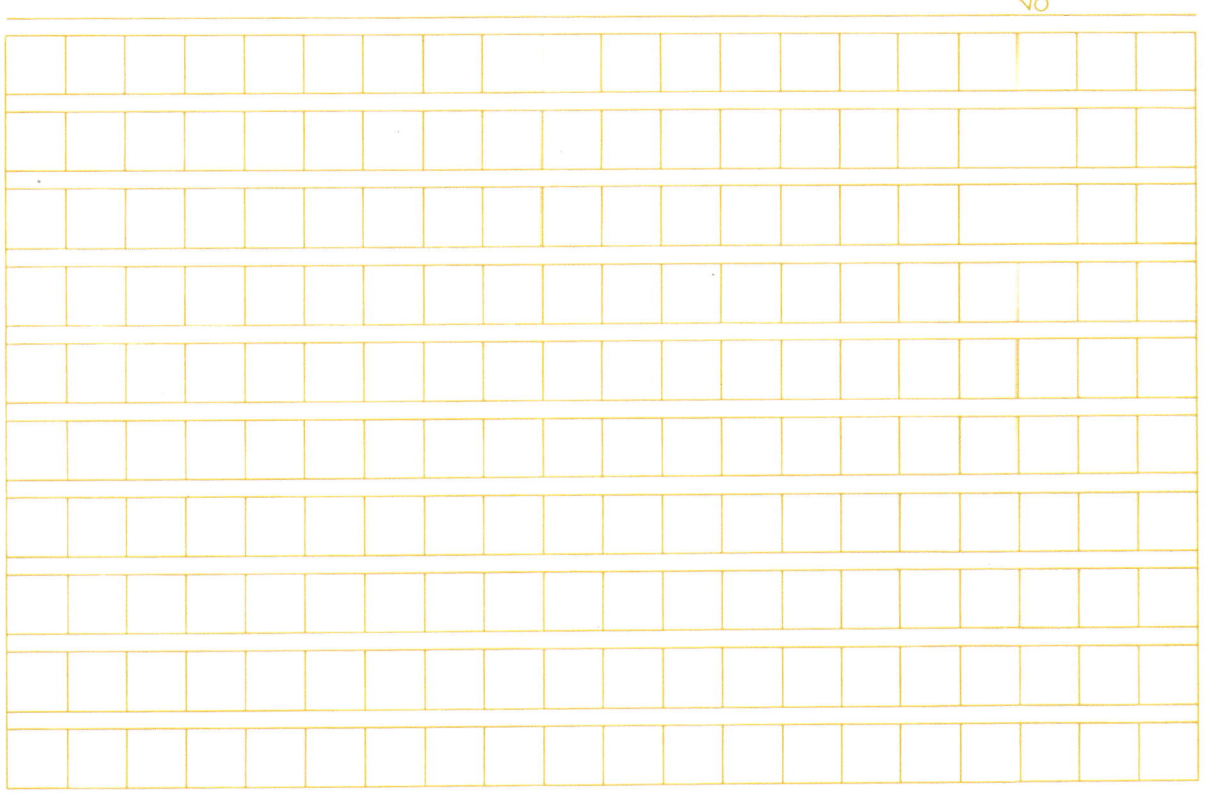

20 × 10

20 × 10

11월

인물의 달

가을이 깊이 가라앉아, 더 붙잡고 싶고 아쉽습니다. 바람은 차가워지고, 낮은 짧아지고 있습니다. 울긋불긋하던 단풍은 색깔을 잃기 시작했고, 하얀 눈은 아직 한참 더 기다려야 합니다. 어떤 색으로도 나타내기 어려운 애매한 달로 느껴지는 것이 11월이 아닐까요?

자연의 빛이 흐릿해질 때 우리의 시선을 인물로 돌려보면 어떨까요? 애국, 학문, 교육, 봉사 등 여러 방면에서 훌륭한 업적을 남긴 인물들을 바라보면서, 그들이 간 길을 따라가 보아야겠습니다.

우리가 본받아야 할 위인들의 생애는 언제나 힘들고 외로웠습니다. 그래도 그분들은 뜻을 굽히지 않았습니다. 우리는 이런 분들을 존경해야 합니다. 그 분들이 남긴 위대한 정신을 우리가 받들지 않는다면 우리는 우리의 할 도리를 다하지 않는 것입니다.

그들이 어떤 환경에서 어떤 행동을 했으며, 위기를 어떻게 이겨냈는지 알아보도록 합니다. 나의 미래를 위해 꼭 알아두어야 할 것들입니다.

해상왕 장보고

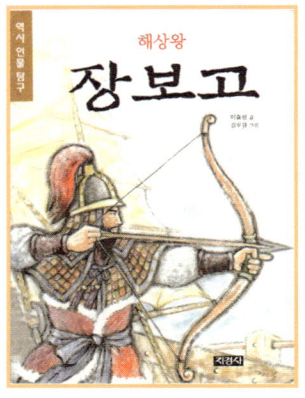

줄거리

장보고는 통일신라 시대 남해안의 완도에서 태어났습니다. 어렸을 때 이름은 궁복이었습니다. 남해안에 나타나는 해적들에게 붙잡혀 당나라에 노예로 팔려갔습니다.

그러나 궁복은 당나라에서 장군이 되었습니다. 당나라에서 많은 공을 세운 장보고는 그리던 조국 신라로 돌아왔습니다.

당나라에서 높은 관직에 있던 장보고를 신라에서는 환영했지만, 장보고의 세력이 너무 커질 것을 두려워하는 신하들도 있었습니다. 장보고는 청해진 대사가 됩니다. 그 무렵 신라의 왕실은 혼란 속에 빠져듭니다.

느낌 엿보기

장보고는 위대한 업적을 남겼고, 이름도 후세에 남겼습니다. 그러나 그 당시에는 장보고의 활동과 신라라는 나라의 움직임이 서로 잘 어울리지 못했던 것 같습니다.

신라는 훨씬 더 크고 강한 나라가 될 수 있는 기회를 놓친 것 같고, 장보고도 비극적인 죽음을 맞은 것은 너무나 안타까운 일입니다. 역사에 대한 몇 가지 의문이 머리를 스칩니다.

책을 보면서 아래 물음에 답하세요.

① 장보고와 함께 자라고 활동한 사람은 누구입니까?

② 장보고가 세운 절의 이름은 무엇입니까?

③ 장보고가 신라에 와서 받은 관직 이름은 무엇입니까?

이 책을 다 읽고 난 느낌을 간단히 써 보세요.

♥ 2005년 4월 처음 펴냄. 글 이효성. 그림 김우경. 펴낸 곳 지경사. 176쪽. 6,500원

영원한 지식인 정약용

줄거리

정약용은 1762년(영조 38년), 경기도 광주에서 태어났고 어려서부터 총명했습니다. 벼슬에 올라서도 임금의 사랑을 받았습니다. 수원 화성을 설계하고, 거중기를 만들었습니다. 암행어사로 활동하며 백성의 어려움을 덜어 주었고, 당파를 뛰어넘는 정치를 실현하고자 했습니다.

그러나 당쟁과 천주교라는 소용돌이 속에 18년 동안 유배를 살아야 했습니다. 그 사이에도 정약용은 끊임없이 글을 써서 백성이 잘 살 수 있는 길을 찾았습니다. 정약용이 지은 책은 모두 509권이며, 남긴 시는 2,460편입니다.

느낌 엿보기

하고 싶은 일도 많았고, 한 일도 많았고, 남긴 것도 많은 분이었습니다. 항상 백성을 생각하고, 무언가 새로운 가르침을 일깨워 주고자 했습니다.

정약용의 모습을 보면 사람이 어떻게 살아야 하는지를 보여주는 모범답안이라는 생각이 듭니다. 그런데 요즘 같은 세상에서도 모범답안이 될지는 잘 모르겠습니다. 그 분이 갔던 길을 옛날 일로만 보아서는 안 될 것 같습니다.

책을 보면서 아래 물음에 답하세요.

① 당시 널리 퍼지고 있던 새로운 종교는 무엇이었습니까?

② 정약용을 아껴 주던 임금은 어느 임금이었습니까?

③ 정약용의 가장 널리 알려진 호는 무엇입니까?

이 책을 다 읽고 난 느낌을 간단히 써 보세요.

♥ 2005년 3월 처음 펴냄. 글 한상남. 그림 이덕진. 펴낸 곳 지경사. 176쪽. 6,500원

루이 브라이

줄거리

　루이 브라이는 어려서 사고로 눈이 멀었습니다. 루이는 책을 읽고 싶었고 알고 싶은 것이 너무 많았습니다. 루이는 학교에 들어갔습니다. 그곳에서 배우는 것도 많았지만 책을 읽을 수는 없었습니다.

　루이는 눈먼 사람들을 위한 글자를 만들기 시작했습니다. 많은 노력과 연구의 결과, 드디어 '점자' 를 완성했습니다. 이로써 눈먼 사람들이 책을 읽을 수 있는 길이 열렸습니다. '점자' 는 전 세계에 알려져 눈먼 사람들을 지식의 세계로 안내하는 큰 빛이 되었습니다.

　루이는 언제나 겸손하고 친절했습니다. 그의 인류에 대한 봉사는 너무나 큰 것이었습니다.

느낌 엿보기

　눈을 감아 보았습니다. 더듬거리며 이 방에서 저 방으로 가 보았습니다. 그리고 음악을 들으려고 오디오를 켜려고 했습니다. 컴퓨터 앞에도 앉아 보았습니다. 그러나 눈을 감고는 아무 것도 할 수 없었습니다.

　처음에는 화만 났습니다. 그러다가 두 눈이 다 보인다는 것이 얼마나 다행인지 몰라 가슴을 쓸어내렸습니다. 눈이 보이지 않는 루이 브라이, 그가 한 일이 얼마나 크고 위대한 일인지 나는 상상조차 하기 어렵습니다.

책을 보면서 아래 물음에 답하세요.

1 루이는 몇 살 때 눈이 멀었습니까?

2 루이를 오랫동안 괴롭힌 병은 어떤 병이었습니까?

3 이 세상의 모든 맹인들이 루이 브라이에게 한 말은 무엇이었습니까?

이 책을 다 읽고 난 느낌을 간단히 써 보세요.

♥ 1999년 10월 처음 펴냄. 글 마가렛 데이브슨. 그림 자넷 컴페어. 이양숙 옮김. 펴낸 곳 다산기획. 90쪽. 6,000원

내가 사랑한 침팬지

내용

41년 동안 침팬지의 눈과 마음으로 세상을 보려고 노력했던 동물학자이며 생태운동가인 제인 구달 박사의 이야기입니다.

침팬지는 인간과 가장 닮은 동물이며, 도구를 사용할 뿐만 아니라 만들 줄도 압니다. 평생 동안 친밀한 가족 관계를 유지하는, 사랑과 동정심을 가진 동물입니다. 그런가 하면 공격성도 갖고 있어 전쟁 비슷한 것도 치릅니다.

구달 박사가 침팬지를 비롯해 멸종 위기에 있는 모든 동식물을 보호해야 한다는 생명 사랑의 메시지를 전해 줍니다.

느낌 엿보기

사람은 사람을 소중히 여겨야 하지만, 동물과 식물도 소중히 여겨야 합니다. 왜냐하면 동식물도 생명과 감정이 있고, 사람은 동물과 식물이 없으면 살지 못하기 때문이지요.

제인 구달은 침팬지 사랑으로 유명한 분이랍니다. 오로지 자연을 사랑하고 동물을 사랑하고 인간을 사랑하는 분이라고 느껴집니다. 그런데 결혼은 했는지 안했는지 모르겠습니다.

책을 보면서 아래 물음에 답하세요.

1. 제인 구달의 첫 연구지는 어느 나라의 어디였습니까?

2. 침팬지들은 서로 싸웁니까? 아니면 싸우지 않습니까?

3. 침팬지는 어느 대륙에 살고 있습니까?

이 책을 다 읽고 난 느낌을 간단히 써 보세요.

♥ 2003년 5월 처음 펴냄. 글 제인 구달. 햇살과나무꾼 옮김. 펴낸 곳 두레아이들. 80쪽. 9,800원

참된 인생 루이 브라이
-〈루이 브라이〉를 읽고

신일초등학교 4학년 6반 이주혜

루이 브라이는 아주 훌륭한 사람이다. 하지만 그렇지 못한 부분이 있다. 바로 아버지의 말씀을 어긴 것이다.

나는 훌륭한 사람이라면, 우선 기초 자세부터 좋아야 한다고 생각한다. 그러나 루이는 그렇지 않았다. 루이는 장님이다. 나는 태어날 때부터 그렇게 태어난 줄 알았는데 그게 아니었다.

루이의 아빠는 마구를 만드는 사람이었다. 그래서 집에는 작업실이 있었다. 루이는 작업실에 있는 기구들이 신기해서 계속 만졌다. 아빠께서는 다칠 위험이 있으니 만지지 말라고 하셨지만 루이는 계속 만지고, 장난감 삼아 놀았다. 그러다가 송곳에 눈이 찔려 그만 두 눈을 잃게 되었다.

루이는 파뤼 신부님을 만나게 된다. 신부님에게서 처음으로 '공부'라는 것을 배우게 되고 재미가 들어서 점점 난이도가 올라갔다. 파뤼 신부님은 더 이상 가르칠 수 없게 되자, 루이를 파리에 있는 장님들만 다니는 맹인학교에 맡긴다.

장님들 전용책인 점자책은 만들기도 힘들고 보관하기가 힘들어 학교에 3권밖에 없고 읽기도 힘들었다. 루이는 밤을 새워 가면서 점자를 만들었다. 그 점자는 아주 간편하고 쉬웠다. 학교 아이들이 조금씩 쓰다가 그 수가 불어나고, 마침내 대부분이 사용하게 되었다. 교장 선생님이 바뀌자, 처음에는 그 점자를 사용하지 말라는 호령이 떨어졌지만 곧 모두 사용하게 되었다.

루이는 이 학교에서 선생님을 하였고, 그곳을 제 2의 고향으로 생각했다. 하지만 공기가 너무 습하고 탁하여 병으로 죽었다.

루이가 죽고 100년 후에는 점자와 루이에 대하여 신문에 보도가 되고 난리가 났다. 왜 이렇게 죽고 나서 유명해졌는지 이해가 잘 안 되고 안쓰럽다.

점자책 사용을 금하였음에도 불구하고 끝까지 노력하여 성공을 이룬 루이가 아름답게 느껴진다.

이제부터 여러분이 원고지 5매에 독후감을 씁니다. 무엇을 쓰든지 마음 편하게. 침착하게, 천천히 쓰기 바랍니다. 글을 쓰기 전에 날짜를 원고지 위에 꼭 쓰기 바랍니다. 나중에 다시 보는 날이 반드시 있을 것입니다.

_____ 년 _____ 월 _____ 일

제목

20 × 10

20 × 10

20 × 10

20 × 10

12월

민속의 달

빨리 어둠이 내립니다. 옛날 같으면 화롯가에 앉아 밤을 구워 먹으며, 할머니의 나지막한 이야기 소리에 긴긴 밤을 밝혔을 것입니다. 마당에는 소복소복 흰 눈이 쌓이며 사방은 한없이 조용한데, 간간히 들리는 가는 바람소리, 먼 곳에서 아득히 들려오는 개 짖는 소리에 겨울밤은 깊어만 갔겠지요.

겨울이 되면 우리는 할머니의 할머니, 할아버지의 할아버지……, 대대로 이거오는 '근원적인 것'을 생각하고, 인간의 역사가 오래 되었음을 돌이켜 보는 시간을 갖게 됩니다. 우리는 어쩌면 이야기와 바람소리를 들으면서 자라고, 대를 이어가는 것이 아닐까 싶습니다.

보통 사람들 사이에서 자연스레 전해 내려오는 풍속을 민속이라 합니다. 우리 민속에는 참으로 구수하고 덧진 것들이 많습니다. 이야기가 그렇고, 음악, 춤, 음식도 그렇습니다. 그리고 세계의 어느 나라에도 민속은 있습니다. 우리 민속과 더불어 다른 나라의 민속을 살펴보는 것도 좋겠지요.

터무니없는 이야기, 으스스한 이야기, 통쾌한 이야기, 이런 민속 이야기들을 읽으면서 먼 옛날 상상의 세계 속에서 한 해를 마무리 짓는 것도 흐뭇한 일이겠지요.

일만이천봉 이야기 고개

내용

봉우리가 일만 이천 개 있다고 하는 금강산에 얽힌 짧은 이야기들입니다. 봉우리뿐만 아니라 천폭동, 명경대, 해금강 등 이름 있는 곳과 바위, 다리, 폭포, 절, 부처님에 대해 오랜 세월 동안 우리 민족이 간직해 온 것들입니다.

이 이야기들은 재미있을 뿐만 아니라 그 속에 숨어 있는 지혜와 아름다운 마음을 찾아 볼 수 있습니다. 겉만 번지르르한 아름다움이 아니라 가슴 깊은 곳에서 우러나오는 진정한 아름다움 말입니다. 우리 조상들이 얼마나 슬기롭고 자연을 사랑했는지 새삼 깨닫게 됩니다.

느낌 엿보기

옛날 이야기, 재미있는 옛날 이야기, 이런 말은 흔히 들을 수 있는 말 같지만 사실 요즈음 거의 듣지 못하는 말이 되었습니다. 컴퓨터로 대표되는 과학문명 시대에 살고 있기 때문이겠지요.

여기 나오는 이야기들은 누가 만들었는지 어떻게 만들어졌는지 잘 모르지만, 옛날부터 전해지는 이야기들입니다. 옛날 이야기를 읽으니까 갑자기 세상이 천천히 돌아가고 편안해지는 것 같습니다.

책을 보면서 아래 물음에 답하세요.

① 전부터 알고 있던 옛날 이야기가 있었습니까? 없었습니까?

② 쌀이 나온 바위 이름은 무엇입니까?

③ 명경대는 높이와 너비가 각기 몇 미터나 됩니까?

이 책을 다 읽고 난 느낌을 간단히 써 보세요.

♥ 1996년 2월 처음 펴냄. 글 이야기 동네. 그림 김용철. 펴낸 곳 산하. 188쪽. 6,000원

소금 장수의 재주

내용

　지은이가 어린 시절에 동네 아주머니들에게서 들었던 이야기들을 다시 구성하고 줄거리를 바꾸어 만든 짧은 이야기 23편이 있습니다.

　지은이의 고향은 목포 앞바다의 섬으로 이루어진 신안군입니다. 지리적 특성 때문인지 구렁이와 소금장수와 장가 못 간 노총각 이야기가 많습니다.

　아주 단순한 이야기 같지만 깊은 의미와 재미를 가진 이야기들도 많습니다. 없어져 가는 옛 이야기를 이나마 보존할 수 있게 된 것은 크게 기뻐할 일입니다. 어린이들이 이런 이야기에 흥미를 가져 잘 보존시켜 나가기를 바랍니다.

느낌 엿보기

　참으로 어이없는 이야기도 많습니다. 그렇지만 참으로 교묘하게 사람의 마음을 움직이는 이야기도 많습니다. 이야기란 이래서 대대로 전해 내려오는 것인가 봅니다.

　여기 있는 이야기들은 단순히 이야기로만 볼 것이 아닌 것 같습니다. 그 이야기 뒤에 감추어져 있는 무엇인가가 있어 보입니다. 그것을 찾아 보고 싶습니다.

책을 보면서 아래 물음에 답하세요.

① 선주의 소금 가마 위에 있던 것은 무엇이었습니까?

....

② 소금 장수 총각은 무엇을 잘해 장가를 갔습니까?

....

③ 재주 많은 소금 장수가 찾아 낸 것은 무엇이었습니까?

....

이 책을 다 읽고 난 느낌을 간단히 써 보세요.

....

....

....

♥ 1987년 12월 처음 펴냄. 글 김창완. 펴낸 곳 창비. 234쪽. 7,000원

밥 힘으로 살아온 우리 민족

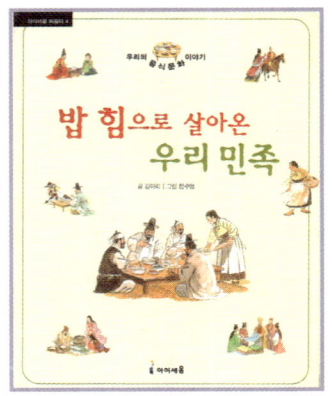

내용

　세계에 자랑스럽게 내놓을 수 있는 우리 음식 문화가 어떻게 이루어졌는지에 대한 이야기입니다.

　구석기 신석기 시대부터 단군 시대, 삼국 시대, 고려, 조선 시대의 음식 문화와 궁중 음식, 역사 인물의 지혜가 반짝이는 음식, 그리고 오늘날에 이르기까지 우리 음식의 역사와 문화 이야기가 이어집니다. 맛과 유래, 만드는 방식까지 짧은 이야기로 보여주고 있습니다.

　음식을 통해서 세상을 배우고, 어떻게 즐겁게 살아갈 수 있는가를 배웁니다. 세계의 여러 가지 음식을 통해 다른 나라의 문화도 이해하게 됩니다.

느낌 엿보기

　먹는 것의 역사는 인류의 역사와 항상 함께 갔을 것입니다. 우리나라에도 우리 민족과 함께해 온 음식들이 있습니다. 우리 음식은 정말 독특하고, 맛이 있는 음식들 같습니다.

　우리는 밥과 김치를 하루 세 끼 꼬박 먹습니다. 그래도 질리지 않으니 참으로 뛰어난 음식이라는 생각이 듭니다. 나는 오늘도 밥을 먹고 내일도 밥을 먹을 것입니다.

책을 보면서 아래 물음에 답하세요.

① 설날을 대표하는 음식은 무엇입니까?

② 추석 음식의 대표는 무엇입니까?

③ 동지에는 무슨 죽을 먹습니까?

이 책을 다 읽고 난 느낌을 간단히 써 보세요.

♥ 2002년 5월 처음 펴냄. 글 김아리. 그림 정수영. 펴낸 곳 아이세움. 234쪽. 8,000원

쩌우 까우 이야기

내용

베트남 민족은 오랜 역사를 가진 민족으로 전설의 역사까지 합치면 기원전 3천 년까지 올라간다고 합니다. 베트남 문화는 오랫동안 중국의 영향을 받아왔으나 그러면서도 베트남의 독특한 문화를 만들어 나갔습니다.

베트남의 민화들을 모아 놓았습니다. 베트남의 민화들은 미신적이고 황당무계하며, 윤리적이고 교훈적이며, 세상을 풍자하는 해학적이며, 토속신에 대한 것을 소재로 하고 있습니다. 베트남의 민화를 살펴보는 것은 또 다른 나라에 대한 이해를 위해 아주 유익한 일로 생각됩니다.

느낌 엿보기

토막토막 끊어지는 이야기들이라 싱거운 것도 있지만, 어떻게 이런 이야기들이 전해 내려올 수 있었는지 그것이 궁금합니다.

지금까지 잘 모르던 베트남이라는 나라에 대해서 조금 알게 되었고, 같은 동양의 나라라서 그런지 사는 모습이 우리와 비슷한 것이 많다는 것도 알게 되었습니다.

책을 보면서 아래 물음에 답하세요.

① 여기 나오는 베트남 사람 이름 셋만 써 보세요.

② 여기에 나오는 사람들의 직업 세 가지만 써 보세요.

③ 여기 나오는 동물 이름 세 가지만 써 보세요.

이 책을 다 읽고 난 느낌을 간단히 써 보세요.

♥ 1984년 7월 처음 펴냄. 김기태 편역. 펴낸 곳 창비. 252쪽. 6,000원

없으면 안되는 우리 음식

-〈밥 힘으로 사는 우리 민족〉을 읽고

신촌초등학교 4학년 1반 허재은

나는 이 책을 읽고서 우리의 음식에 대해 다시 한번 생각해 보게 되었다. 우리의 음식에 이런 역사가 있는 줄 몰랐다.

내가 제일 좋아하는 음식은 삼계탕이다. 이 책에 삼계탕에 대해서 나오지 않아서 내가 직접 삼계탕의 역사를 알아보았다. 삼계탕은 어린 닭에 인삼과 마늘, 대추, 찹쌀 등을 넣고 물을 부어 푹 고아서 만든 음식으로 계삼탕이라고도 한다. 동의보감에 닭으로 만든 초계탕이 나온다고 한다. 삼계탕이 정확히 언제부터 시작됐는지는 알 수 없었다.

우리나라에서 빠질 수 없는 음식은 밥이다. 밥을 잘 만드는 나라는 우리나라밖에 없는 것 같다. 여름방학 때 유럽에 갔다 왔는데, 유럽의 밥은 거의 날아가고 맛이 없었다. 그리고 유럽 음식을 먹다 보니까 우리나라 음식의 소중함을 깨닫게 되었다. 우리나라 음식만큼 멋진 음식은 어디에도 없는 것 같다.

요즘에는 점점 음식이 달라지고 있다. 퓨전 음식, 패션 음식들이 생겨나고 있다. 맛있는 음식뿐만 아니라 예쁘고 아기자기한 음식이 유행이다. 그러나 아무리 예쁘고 맛있다고 하여도 우리 음식이 제일인 것 같다. 한 마디로 웰빙, 자연의 음식이다.

그런데 요즘 우리나라 사람들이 자연의 음식은 별로 먹지 않고 패스트 푸드를 많이 먹는다. 외국 사람들은 그것들을 이상하게 생각한다고 한다. 외국 사람들은 점차 웰빙 음식을 많이 먹으려고 하는데, 우리들은 거꾸로 패스트 푸드를 많이 먹기 때문이다. 다른 나라 사람들에게 그런 모습을 보인 게 너무 부끄럽다. 우리의 고유 음식에 전보다 더 많은 관심을 갖도록 해야겠다.

이제부터 여러분이 원고지 5매에 독후감을 씁니다. 무엇을 쓰든지 마음 편하게, 침착하게, 천천히 쓰기 바랍니다. 글을 쓰기 전에 날짜를 원고지 위에 꼭 쓰기 바랍니다. 나중에 다시 보는 날이 반드시 있을 것입니다.

_____ 년 ____ 월 ____ 일

NO

20 · 10

20 × 10

20 × 10

20 - 10

20 - 10

1월

소망의 달

새해 첫날의 해돋이 장면을 보셨나요? 새해에 비는 간절한 소원과 굳은 결심으로 선잠을 깨우며 산으로 바다로 간 친구들도 있을 것입니다. 새해에는 모든 것이 더욱 좋아지고 더 성장하기를 기원하는 것이겠지요. 그리고 올해 일 년의 목표를 정해 보기도 합니다. '올해 이것은 꼭 할 거야.' 또는 '올해는 이렇게 살 거야.'

1월은 한 해의 시작이면서, 긴 겨울 방학으로 점차 생활의 흐름이 편안해지는 시기입니다. 때문에 생활의 모든 면에서 깊이를 더할 수 있습니다. 건강 단련이나, 독서, 밀린 공부 등 어느 것이라도 착실히 할 기회가 됩니다.

이 달의 주제는 '소망' 입니다. 소망이란 무엇인가를 간절히 바라는 마음입니다. 새해의 첫 달이니까 소망은 더욱 간절하겠지요.

사람에게 가장 큰 소망은 무엇일까요? 아마도 사람답게 사는 일일 것입니다. 사람이 사람답게 살지 못하는 이유는, 가난 때문에, 건강 때문에, 자유를 잃고 나라를 잃었기 때문에 등 여러 가지가 있을 것입니다. 그래도 우리는 소망을 이루기 위해 용기와 희망을 가지고 살아야 합니다. '소망을 이룹시다.' 가 이 달의 소망입니다.

저 하늘에도 슬픔이

내용

이윤복이 초등학교 4학년 때 쓴 일기를 책으로 묶은 것입니다.

끼니를 굶어가며 껌을 팔아 아버지를 돌보고, 희망원에 잡혀가지 않으려고 숨어다녀야 했습니다. 구걸한 밥을 형제들이 나누어 먹어야 했고, 어떤 때는 그것마저 없었습니다.

그렇게 가난했지만, 정직하고 꿋꿋하게 살아가는 모습을 담은 이 일기는 온 국민의 마음에 깊은 슬픔과 감동을 주었습니다.

1964년에 처음 나왔던 이 책이 2004년에 다시 만들어졌습니다. 40년이 지난 지금, 우리 주변에 '저 하늘에도 슬픔이 있을까요?' 라고 묻는 어린이가 없기를 바랄 뿐입니다.

느낌 엿보기

손이 시리다, 이가 시리다, 이런 말들은 많이 듣고 나도 가끔 쓰는 말입니다. 그렇지만 '가슴이 시리다.' 는 말은 듣기는 했지만 내가 해 본 적은 없었습니다. 그런데 윤복이의 일기를 읽으면서 가슴이 시린 것을 느꼈습니다.

그렇게 살기 어려워도 아버지와 동생들을 대한 사랑의 마음은 살아 있어 더욱 마음이 아팠습니다. 그리고 사람이 사람을 불쌍하게 여긴다는 것이 어떤 것인지 희미하게 알 것 같았습니다.

책을 보면서 아래 물음에 답하세요.

1 윤복이네 형제는 윤복이까지 모두 몇 명입니까?

2 껌은 주로 어디에서 팔았습니까?

3 자전거를 타고 다니며 윤복이를 도와주던 선생님 이름은 무엇입니까?

이 책을 다 읽고 난 느낌을 간단히 써 보세요.

♥ 2004년 4월 처음 펴냄. 글 이윤복. 그림 김세현. 펴낸 곳 산하. 230쪽. 8,500원

머피와 두칠이

줄거리

두칠이는 똥개라고 불리는 것을 제일 싫어합니다.

두칠이네 동네에 신데렐라 같은 머피가 이사 옵니다. 두칠이는 머피를 좋아하는데, 동네에서 두목 노릇하는 싸움개 출신의 허크도 머피를 좋아합니다. 두칠이와 허크는 한 판 크게 붙습니다.

허크가 떠나고, 두칠이도 개소주가 될 처지에 빠집니다. 두칠이는 탈출합니다. 산으로 간 두칠이는 떠돌이 개들의 두목이 됩니다. 떠돌이 생활은 고달프지만 떠돌이 개들은 자유라는 말을 씁니다.

두칠이는 언제나 머피 생각뿐입니다. 머피도 마음이 많이 아픕니다.

느낌 엿보기

개들에게도 슬픔이 있다는 건 몰랐습니다. 똥개는 보신탕집이나 개소주집으로 팔려가고, 싸움개는 꼭 이겨야 한다는 긴장감 때문에 늘 힘든 것이었습니다. 결국 사람의 필요에 의해서 봉사만 해야 하는 개들입니다.

두칠이가 자유를 선택한 것은 정말 멋있었습니다. 비록 힘든 삶이 기다리고 있지만 자유를 위해서는 거친 야생의 길을 갈 수도 있을 것입니다.

책을 보면서 아래 물음에 답하세요.

① 두칠이는 허크의 어디를 찢어 놓았습니까?

② 아저씨가 몸이 약해 두칠이를 무엇으로 쓰려고 했습니까?

③ 머피는 두칠이를 기다리고 있었습니까? 미워하고 있었습니까?

이 책을 다 읽고 난 느낌을 간단히 써 보세요.

♥ 1996년 12월 처음 펴냄. 글 김우경. 그림 송진헌. 펴낸 곳 지식산업사. 204쪽. 7,000원

누가 호루라기를 불어줄까

머리말 중에서

"이 작품은 '사다릿골'이라는 서울의 변두리 동네에 사는 한 소년이 자신의 소원을 이루기 위해 노력하는 과정을 쓴 것입니다.

동수라는 소년의 소원은 일기장을 안심하고 감춰 둘 수 있는, 자기만의 꿈을 꿀 수 있는 방을 갖는 것입니다. 소년은 소원을 이루기 위해 신문 배달을 하게 되고, 그러는 중에 인생에 대한 몇 가지 의문을 갖게 됩니다.

동수는 그 의문을 풀 수 있을까요? 그리고 간절한 소원인 방 한 칸을 가질 수 있게 될까요?"

느낌 엿보기

배구 시합에서 심판이 호루라기를 불면 A조와 B조가 서로 코트를 바꾸는 것처럼, 가난한 동네에 사는 사람과 부자 동네에 사는 사람이 서로 사는 처지를 바꿀 수 있을까요?

제 마음으로는 바꾸어 보아도 좋을 것 같습니다. 그러나 그것은 어디까지나 가난한 집에 사는 저의 희망일 뿐입니다. 아마 부자들은 절대로 그렇게 하지 않을 것입니다.

책을 보면서 아래 물음에 답하세요.

① 선생님은 동전을 꺼내 나와 유리가 그린 무엇 위에 올려놓았습니까?

② 유리는 엄마 아빠 중 누구와 살고 있었습니까?

③ 동수는 스스로 행복한 아이라고 생각합니까? 불행한 아이라고 생각합니까?

이 책을 다 읽고 난 느낌을 간단히 써 보세요.

♥ 1993년 8월 처음 펴냄. 글 이상락. 그림 신혜원. 펴낸 곳 창비. 208쪽. 6,000원

별을 사랑하는 아이들아

내용

시인 윤동주는 일제 치하의 어려운 시절을 살면서도 맑고 따뜻한 마음을 잃지 않았습니다. 이 시집은 어린이들을 위해 쓴 동시를 모아 놓은 것입니다. 이 동시들을 소리내어 읽어 보면 정겨운 시의 맛이 점점 더 듬뿍 배어나옵니다.

인간을 생각하며, 민족을 생각하며, 또 어린이를 생각하며 시를 쓴 윤동주 시인을 우리는 '민족 시인'이라고 부릅니다.

'죽는 날까지 하늘을 우러러 한 점 부끄럼 없기를'로 시작하는 '서시'와 '별 헤는 밤'이 이 시집 안에 있습니다.

느낌 엿보기

저는 윤동주 시인만 생각하면 잘 모르면서도 가슴이 아프고 외로워집니다. 이 시집을 보고나니 더욱 그렇습니다. '죽는 날까지 하늘을 우러러…….'의 첫 부분인 '죽는 날까지' 때문일까요?

여기 나오는 짧은 시 하나 하나가 바로 '시란 이런 거야.' 하고 나에게 속삭여 주는 것 같습니다. 나는 윤동주 시인을 존경합니다. 그리고 사랑합니다.

이 시집에서 가장 마음에 드는 시 하나를 써 보세요.

이 책을 다 읽고 난 느낌을 간단히 써 보세요.

♥ 1999년 12월 처음 펴냄. 시 윤동주. 신형건 역음. 권현진 그림. 펴낸 곳 푸른책들. 120쪽. 7,800원

우리 같이 내일을 찾아보자

-〈별을 사랑하는 아이들아〉을 읽고

신촌초등학교 4학년 6반 박선정

오줌싸개 지도

빨랫줄에 걸어 논 / 요에다 그린 지도 / 지난 밤에 내 동생 / 오줌 싸 그린 지도
꿈에 가 본 엄마 계신 / 별나라 지돈가? / 돈 벌러 간 아빠 계신 / 만주 땅 지돈가?

아이(동생)가 이불에 오줌을 쌌다는 것은 다른 아이들이 볼 때에는 우습기만 할 텐데, 이 아이는 참 많은 생각을 한 것 같다. 아이인데 슬픈 일이 많이 있는 것 같다. 아빠와 엄마가 안 계시니 얼마나 슬플까? 아이가 참 가엾다.
또 내가 재미있게 읽었던 시는 이 시다.

내일은 없다

내일 내일 하기에 / 물었더니 / 밤을 자고 동틀 때 / 내일이라고
새날을 찾던 나는 / 잠을 자고 돌아보니 / 그 때는 내일이 아니라 / 오늘이더라
동무여! / 내일은 없나니 / ……

내일을 찾는다니, 참 호기심도 많다. 내일은 내일이라고 그냥 그대로만 받아들일 수도 있는데, 새날을 찾는 게 웃긴다. 또 친구란 말 대신 동무라고 사용한 것이 더 가슴에 와닿게 잘 쓴 것 같다.
나도 시 하나를 써 보아야겠다.

내일아, 어디 있니?

내일아, 어디 있니? / 내일을 만나려고 / 한 밤 자고 일어나니 / 언제 또 꼭꼭 숨어버렸구나
친구야, 너는 내일을 보았니? / 내일이 있다던 네 말, / 모두 다 거짓말이었구나
만일 내일을 만나면 / 나에게 꼬옥 / 소개시켜 주려무나

쓰기

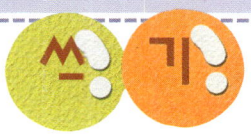

이제부터 여러분이 원고지 5매에 독후감을 씁니다. 무엇을 쓰든지 마음 편하게, 침착하게, 천천히 쓰기 바랍니다. 글을 쓰기 전에 날짜를 원고지 위에 꼭 쓰기 바랍니다. 나중에 다시 보는 날이 반드시 있을 것입니다.

년 월 일

시오

20 - 10

20 × 10

20 × 10

2월

생각의 달

일 년 중 가장 깊다는 느낌을 주는 달이 2월이 아닌가 합니다. 강물은 짙은 은색이고 오후의 하늘은 깊고 푸른 회색입니다. 겨울은 끝자락을 깊이 감추고 있그, 봄은 이미 다가올 준비를 하고 있습니다. 내 마음도 깊이 가라앉은 것 같고, 가끔 깊은 숨을 내 쉽니다. 한 학년의 마지막 달이고, 다음 달에는 한 학년 올라갑니다.

계절에도 변화가 있고, 나 자신에게도 변화가 있을 것입니다. 이럴 때 우리는 닳은 생각을 하게 됩니다. 지난 일들을 생각하면서 기억을 더듬고, 새봄과 새 학년에 대해서도 생각을 하게 됩니다.

이 달에 읽을 책들은 생각을 하며 읽을 책들입니다. 생각의 폭을 넓히고 깊이를 더하기 위하여 이런 책들을 읽는 것도 좋겠지요.

그리고, 지난 일 년 동안 여러분은 많은 책을 읽었고, 여러 편의 글을 써 크았을 것입니다. 아주 보람차고 큰일을 한 것입니다. 스스로에게 칭찬을 하고, 축하해 주기 바랍니다. '나 누구누구는 이렇게 많은 책을 읽고, 글을 써 보고, 생각을 했다. 많이 자랐고 정말 훌륭해졌구나.'

여러분, 다음 학년으로 올라가서 새로운 책들과 함께 다시 만납시다.

선생님의 밥그릇

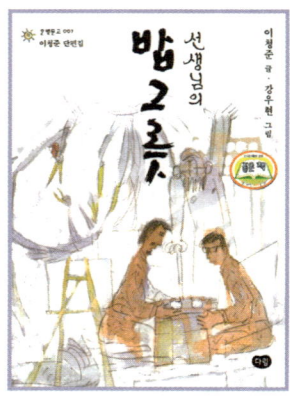

작가의 말 중에서

"이 책에 실은 이야기들은 내가 지금까지 써온 것들 중 비교적 즐거운 마음으로 쓴 기억이 남아 있고, 다시 읽어도 부끄러움이나 후회스러움보다 제법 보람이 되살아남직한 것들을 추려 묶은 것입니다.

그리고 그것들은 물론 우리들 부모와 자식 간, 선생님과 제자 간, 한 동네 이웃 간 같은 사람과 사람 간의 따뜻한 인정의 흐름과 그 삶의 사랑스러움을 쓴 것들입니다.

나는 여기 감히, 독자들 역시도 이 이야기들이 읽기에 썩 편하고, 그래서 내 즐거움과 작은 보람을 쉽게 함께 할 수 있게 되기를 기대해 봅니다."

느낌 엿보기

그때는 모두 어렵게 살 때였지만 화가는 왜 그렇게 더 힘들게 살아야 했나요? 왜 선생님은 밥그릇을 내주어야만 했나요? 왜 어머니는 하염없이 기다려야만 했나요?

이 책을 읽는 내내 슬픔과 의문이 내 머리를 떠나지 않았습니다. 그렇지만 사람이 산다는 것은 슬픔과 기쁨과 기다림과 만남이 어우러지면서 이루어지는 것 같습니다. 정말 사람은 항상 생각하면서 살아야 할 것 같습니다.

책을 보면서 아래 물음에 답하세요.

① 화가는 아들 관 속에 넣어준 그림에 어떤 과일을 그려 주었습니까?

② 누렁이와 베스의 마지막 한 판에서 누가 이겼습니까?

③ 빗새가 살던 나무는 무슨 나무였습니까?

이 책을 다 읽고 난 느낌을 간단히 써 보세요.

♥ 2000년 1월 처음 펴냄. 글 이청준. 그림 강우현. 펴낸 곳 다림. 184쪽. 7,000원

생명이 들려준 이야기

내용

　생명이 넘쳐 흐르는 세상이 되려면 어떻게 해야 할까? 지은이는 그런 궁리 끝에 이 책을 썼답니다. 생명을 사랑하는 어린이들이 생명을 사랑하는 어른이 될 때, 이 세상 또한 생명이 넘쳐 흐르는 그런 세상이 될 것입니다.

　이 책은 3부로 나뉘어 있습니다. 1부는 생명이 토담이에게 들려주는 이야기이고, 2부에는 짧은 이야기 네 편이 있고, 3부에는 동극이 실려 있습니다. 모두 생명이 얼마나 소중한 것이고, 사랑이 얼마나 아름다운 것인가를 말해 주고 있습니다.

느낌 엿보기

　내 친구들 중에는 아무 뜻 없이 '죽고 싶어.' 라고 말하는 아이들이 있습니다. 또는 '학교 가기가 죽기보다 싫어.' '학원이 지겨워 죽겠어.' 라고 하기도 합니다.

　그 말 속에 '죽음' 의 달콤한 유혹이 있다는 것을 이 책을 통해 알게 되었습니다. 그런 달보다는 살아 움직이는 생명이 훨씬 따뜻하고, 밝고, 아름답다는 것을 알면 좋을 텐데!

책을 보면서 아래 물음에 답하세요.

① 돈을 모으는 쓰잘 데 없는 일로 지금껏 생명을 탕진한 사람은 누구입니까?

② 많은 어린이들이 자신의 잘못을 뉘우치는 이 사람의 편지를 읽고 눈물을 흘렸습니다. 이 사람은 누구입니까?

③ 무엇이 도깨비들을 땅 속에 가두어 버렸습니까?

이 책을 다 읽고 난 느낌을 간단히 써 보세요.

♥ 1996년 9월 처음 펴냄. 글 위기철. 그림 이희재. 펴낸 곳 사계절. 226쪽. 8,000원

산소처럼 소중한 정호승 동화집

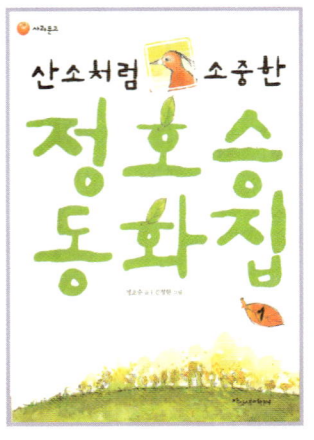

지은이의 말 중에서

"이제 여러분들은 스스로의 힘으로 이 험난한 세상을 살아가야 합니다. 부모를 사랑하고 친구와 우정을 나누고 선생님의 가르침을 받으면서 이 세상을 열심히 살아가야만 합니다.

그런데 어떻게 하면 사람다운 사람으로 살아갈 수 있을까요? 또 그렇게 되기 위해서 지금 여러분들에게 가장 중요한 것은 무엇일까요?

그것은 여러분들의 마음속에 깊은 사랑의 우물을 하나 파 놓는 일입니다. 퍼내고 퍼내어도 퐁퐁퐁 사랑의 맑은 물이 고이는 우물! 저는 그 우물을 동화를 통해 팔 수 있다고 생각합니다. 그리고 그 우물은 어릴 때 파 놓아야 평생 마르지 않는다고 생각합니다."

느낌 엿보기

나는 교훈이라는 말을 싫어합니다. 왠지 따분하고 귀찮은 일이 생길 것 같기 때문이지요. 이 책을 딱 보았을 때 교훈적일 것 같다는 느낌이 왔습니다.

그런데, 이야기들이 교훈적인 것 같으면서 재미있고, 재미있는 것 같으면서 교훈적이었습니다. 어느덧 다 읽었더니 마음속에서 정말 사랑의 샘물이 퐁퐁 솟는 것 같은 기분이 들었습니다.

책을 보면서 아래 물음에 답하세요.

① 땅에 묻힌 텅 빈 항아리 속에 들어왔다가 휘돌아 나가는 것은 무엇이었습니까?

② 파리가 빠져 죽은 곳은 어디입니까?

③ 게들은 항아리에서 모두 빠져 나갔습니까? 못 빠져 나갔습니까?

이 책을 다 읽고 난 느낌을 간단히 써 보세요.

♥ 2005년 1월 처음 펴냄. 글 정호승. 그림 진정현. 펴낸 곳 파랑새어린이. 204쪽. 8,500원

시가 말을 걸어요

머리말 중에서

"여러분에게 읽어주고 싶은 동시 40편을 봄, 여름, 가을, 겨울 사계절에 각기 열 편씩 나누어 싣고, 시 하나 하나가 끝날 때마다 글 하나를 덧붙였습니다. 여러분들과 '시랑 노는 법'을 함께 나누고 싶어서요.

이 책이 시를 이해하고, 세상을 더욱 풍요롭게 바라보고, 느끼고, 나아가 시적인 사고력과 상상력과 표현력을 북돋아 줄 수 있는, 시찾기의 길잡이 역할을 할 수 있다면 좋겠습니다. 여러분의 말과 글과 생각을 쑥– 쑥– 키워 줄 수 있는 작은 거름이 될 수 있다면 행복하겠습니다."

느낌 엿보기

가끔 학교에서 선생님이 시를 한 편 써 보라고 하시는데 나는 그때마다 아주 싫었습니다. 뭘 써야 되는지도 모르겠고, 어떻게 써야 할지도 몰랐기 때문입니다.

그런데 이 책을 보니까 시에 대해 조금은 알 것 같습니다. 시를 잘 쓰려면 많이 읽어야 한다는 것도 깨달았습니다. 그런데 진짜 궁금한 것이 있습니다. '시는 왜 쓰죠?'

책을 보면서 아래 물음에 답하세요.

1 여름에 대한 시 중에서 마음에 드는 시의 제목 세 가지만 써 보세요.

2 '남긴 밥'에 나오는 동물 이름을 모두 써 보세요.

3 '할머니 입'이라는 시에서는 '입'이라는 말은 모두 몇 번 나오나요?(제목 빼고)

이 책을 다 읽고 난 느낌을 간단히 써 보세요.

♥ 2004년 1월 처음 펴냄. 글 정끝별. 그림 사석원. 펴낸 곳 토토북. 156쪽. 8,500원

담뱃갑 은종이에 그린 그림
- 〈선생님의 밥그릇〉 중에서 '나들이 하는 그림'을 읽고

신촌초등학교 4학년 6반 천승욱

이 이야기는 화가 이중섭의 이야기를 동화처럼 꾸민 것인데, 이청준 선생님이 단편집에 넣으셨다.

나라에 큰 전쟁이 났을 때였다. 서울의 어느 가난한 산동네에 그림을 매우 잘 그리는 화가가 살고 있었다. 주변에 고아가 많았는데 화가는 자기 아들과 함께 고아들을 사랑하였다. 그런데 그만 아들이 병에 걸려 죽고 말았다. 화가는 애가 끊어지듯 슬펐다.

화가는 죽은 아이가 하늘나라에 가서도 행복하라고 산 아래 마을에 가서 담뱃갑 은종이를 얻어 와 거기에 아이들을 그려 주고 또 배고플 때에는 따먹으라고 천도복숭아도 그려 주었다. 꿈에 아들이 나타나 고맙다고 하고, 그림을 더 그려 달라고 했다. 화가는 그림을 더 그려 아들에게 많은 친구를 보내주었다.

어느 날 한 친구가 화가의 집으로 찾아왔다. 친구는 담뱃갑 은종이에 그려 놓은 아들의 친구들 그림을 보게 되었다. 친구는 그 그림에서 이상한 느낌이 들어 화가에게 그림을 달라고 하였다. 화가는 친구의 부탁을 거절할 수 없어 그림을 빌려 주며 소중히 간직하라고 하였다. 다음 날부터 그 그림을 본 사람들이 화가에게 그림을 얻으려고 몰려왔다. 화가는 어쩔 수 없이 그림을 그려 주고야 말았다. 어느 날 화가가 죽었다. 그래서 그 그림의 비밀을 아는 사람은 아무도 없게 되었다.

이 이야기는 참 재미있고 감동스럽다. 여기에 나오는 그림들은 전부 담뱃갑 은종이에 그려서 참 작은데 사람들이 좋아했으니 아주 멋진 그림일 것 같다.

화가는 돈이 없어 담뱃갑 은종이에 그림을 그렸는데 나는 A4 용지에 그림을 그리고 막 버린다. 아무래도 내가 너무 종이를 아끼지 않는 것 같다.

화가가 다른 사람에게 그림을 주었는데 어쩌면 아직도 서울에는 이 담뱃갑 은종이 그림을 간직하고 있는 사람이 있지 않을까?

이제부터 여러분이 원고지 5매에 독후감을 씁니다. 무엇을 쓰든지 마음 편하게, 침착하게, 천천히 쓰기 바랍니다. 글을 쓰기 전에 날짜를 원고지 위에 꼭 쓰기 바랍니다. 나중에 다시 보는 날이 반드시 있을 것입니다.

년   월   일

NO

20 · 10

20 × 10

20 × 10

지은이 소개

고정욱

성균관대학교 국문학과를 졸업했습니다. 글을 쓰면서 장애인 복지 실현에도 힘쓰고 있습니다. 지은 책으로 〈안내견 탄실이〉, 〈못다 핀 무궁화〉, 〈네 손가락의 즉흥환상곡〉, 〈세종로 1번지〉, 〈아주 특별한 우리 형〉 등이 있습니다.

김선희

〈세계의 음악 50선〉을 썼습니다.

김아리

한국외국어대학교 국어과를 졸업했습니다. 어린이들에게 고전과 한문을 재미있게 소개하는 책을 썼습니다. 쓴 책으로 〈대륙에 뜨는 별〉, 〈태산처럼 크고 북두처럼 빛나다〉, 〈실학 산책〉, 〈밥 힘으로 살아온 우리 민족〉 등이 있습니다.

김용주

국민대학교 국문학과를 졸업했습니다. 대학에서 학생들을 가르치고 있습니다. 지은 책으로 〈안녕, 내 친구 루트비히 판 베토벤〉 등이 있습니다.

김우경

1957년 경상남도 산청에서 태어났습니다. 1989년부터 작품 활동을 시작했습니다. 오늘도 어린이를 생각하며 좋은 동화를 쓰고 있습니다. 〈머피와 두칠이〉 등을 썼습니다.

김창완

1942년 전라남도 목포에서 태어났습니다. 1973년부터 작품 활동을 시작했습니다. 시집 〈인동일기〉와 설화집 〈소금 장수의 재주〉가 있습니다.

김향이

전라북도 임실에서 태어나 서울에서 자랐습니다. 어린이를 위한 좋은 글쓰기에 전념하고 있습니다. 작품으로 〈몽실이와 이빨 천사〉, 〈흰머리산 하늘 연못〉, 〈내 이름은 나답게〉, 〈쌀뱅이를 아시나요〉 등이 있습니다.

마가렛 데이브슨

미국 뉴욕에서 태어났습니다. 아이들로부터 듬뿍 사랑을 받으며 열심히 활동하고 있는 아동 도서 작가입니다. 30여 종의 책을 썼으며 그 중에서 〈헬렌 켈러의 선생님〉, 〈루이 브라이〉가 특히 어린이들의 사랑을 받고 있습니다. 〈돌고래 프리소일라〉는 돌고래에 관한 최초의 과학 아동도서로 평가받고 있습니다.

마리 베르트라

1963년에 태어나 파리에서 살고 있습니다. 신화, 성경, 예술에 관한 어린이 책을 여러 권 썼고, 청소년을 위한 글을 쓰고 있습니다. 쓴 책으로 〈명화 성경〉, 〈명화 그리스 신화〉, 〈명화 프린세스〉 등이 있습니다.

박상률

전라남도 진도에서 태어났습니다. 여러 형태의 글쓰기를 통해 인간의 다양한 삶을 그려 내기 위해 애쓰고 있습니다. 시집 〈진도아리랑〉, 희곡집 〈풍경소리〉, 장편소설 〈봄바람〉, 〈나는 아름답다〉, 동화책 〈바람으로 남은 엄마〉, 〈까치학교〉, 〈석주명〉 등을 썼습니다.

서정홍

1958년 경상남도 마산에서 태어났습니다. 무너져가는 우리 농촌과 오염된 환경을 살리는 운동을 하면서 시를 쓰고 있습니다. 동시집 〈윗몸일으키기〉, 〈우리 집 밥상〉 등과 시집 〈58년 개띠〉, 〈아내에게 미안하다〉, 자녀 교육 이야기 〈아무리 바빠도 아버지 노릇은 해야지요〉를 펴냈습니다.

세실 테루안느

어린 시절부터 러시아 민담 속에 등장하는 전설적인 인물들을 몹시 동경해 왔기 때문에, 결국 그 모험들을 엮어 프랑스 말로 옮기는 일을 하게 되었습니다. 〈마녀 바바야가가 살던 나라〉를 엮었습니다.

신형건

1965년 경기도 화성에서 태어났습니다. 경희대학교에서 치의학을 공부했으며, 1984년부터 시인으로 활동하기 시작했습니다. 초등학교 국어 교과서에 5편의 동시가 실려 있습니다. 지은 책으로 시집 〈거인들이 사는 나라〉, 〈배꼽〉 등과 비평집 〈동화책을 먹는 치과의사〉 등과 엮은 책으로 〈별을 사랑하는 아이들아〉가 있습니다.

앤드루 클레멘츠

미국 시카고 근처의 공립학교에서 학생들을 가르치며 시를 쓰고 노래를 가르쳤습니다. 그 뒤 어린이 그림책을 쓰며 작가의 길을 가기 시작했습니다. 그림책 〈빌리와 심술궂은 선생님〉, 장편동화 〈랜드리 신문〉, 〈학교 이야기〉, 〈우리 아빠는 수위 아저씨〉, 〈프린들 주세요〉 등을 썼습니다.

어니스트 톰슨 시튼(1860~1946)

영국 더럼에서 태어났고, 어렸을 때 캐나다로 이주하였습니다. 온타리오와 런던에서 그림 공부를 한 후, 캐나다로 돌아와 야생동물을 관찰하고 그들에 대한 글을 쓰기 시작했습니다. 시튼의 동물 이야기는 '사실적 동물 문학'의 새로운 장을 열어 이후 동물 문학에 큰 영향을 끼쳤습니다. 〈시튼 동물기〉를 쓰고 그림을 그렸습니다.

에리히 캐스트너(1899~1974)

현대 독일 문학을 대표하는 작가이자 나치즘에 저항한 지식인입니다. 또한 어린이들과 어른들이 부대끼는 모순을 재미있는 이야기로 풀어내는 솜씨가 뛰어난 작가입니다. 지은 책으로 〈동물 회의〉, 〈이발소의 돼지〉, 〈하늘을 나는 교실〉, 〈5월 35일〉, 〈로테와 루이제〉 등이 있습니다.

우봉규

1960년 경상북도 상주에서 태어났습니다. 작품으로 〈금이와 메눈취 할머니〉, 〈파랑새〉, 〈마리산〉, 〈훈이와 장산곶 할아버지〉, 〈흰빛 검은빛〉 등이 있습니다.

원병오

1929년 경기도 개성에서 태어났습니다. 원산농업대학을 졸업하였고, 경희대학교 생물학과와 일본 홋카이도 대학에서 공부하였습니다. 조류 연구와 자연 보호에 많은 활동을 하는 우리나라의 대표적 조류학자입니다. 쓴 책으로 〈한국조류생태도감〉, 〈한국의 천연기념물(동물편)〉, 〈한국의 조류 원색도감〉, 〈새 박사 원병오 이야기〉 등이 있습니다.

위기철

1961년 서울에서 태어났습니다. 연세대학교 불문학과를 졸업했고, 1983년부터 작품 활동을 시작했습니다. 동화집 〈쿨쿨 할아버지 잠 깬 날〉, 〈생명이 들려준 이야기〉, 동시집 〈신발 속에 사는 악어〉 등과 〈청년 노동자 전태일〉, 〈철학은 내 친구〉, 〈반갑다, 논리야〉 등의 책을 썼습니다.

유미선

서울예술대학 문예창작과를 졸업했고, 방송작가로도 활동했습니다. 지은 책으로 〈한국을 빛낸 100명의 위인들〉, 〈항일투쟁 33인〉, 〈세상 모든 음악가의 음악 이야기〉 등이 있고, 옮긴 책으로 〈20대에 꼭 하고 싶은 사랑의 한 마디〉 등이 있습니다.

윤기현

1949년 전라남도 해남에서 태어났습니다. 농촌의 현실과 농촌 아이들 이야기가 담긴 동화를 많이 썼습니다. 〈서울로 간 허수아비〉, 〈해가 뜨지 않는 마을〉, 〈회초리와 훈장〉, 〈어리석은 독재자〉, 〈보리타작 하는 날〉, 〈당산나무 아랫집 계숙이네〉 등의 작품을 썼습니다.

윤동주(1917~1945)

북간도 명동촌에서 태어났습니다. 명동소학교와 연희전문 문과를 졸업했습니다. 일본 유학 중이던 1943년 독립운동을 했다는 이유로 체포되어 1945년 해방되기 직전에 후쿠오카 감옥에서 돌아가셨습니다. 유고집 〈하늘과 바람과 별과 시〉가 있습니다.

이경순

1967년 경상남도 함양에서 태어났습니다. 숭의여대 문예창작과를 졸업했습니다. '꿈나무미래학교' 작가교실 교사로 활동하고 있습니다. 지은 책으로 〈날아라, 나무새〉, 〈아주 이상한 여행〉, 〈세상에서 가장 소중한 선물〉, 〈찾아라, 고구려 고분벽화〉 등이 있습니다.

이금이

1962년 충청북도 청원에서 태어났습니다. 1984년부터 작가로 활동하기 시작했습니다. 지은 책으로 동화집 〈햄, 뭐라나 하는 쥐〉, 〈쓸 만한 아이〉, 〈영구랑 흑구랑〉, 장편동화 〈너도 하늘말나리야〉, 〈나와 조금 다를 뿐이야〉, 〈밤티 마을 큰돌이네 집〉, 〈꽃바람〉, 〈아주 작은 학교〉 등이 있습니다.

이상권

1964년 전라남도 함평에서 태어났습니다. 한양대학교 국문학과를 졸업하고 줄곧 소설을 쓰다가, 지금은 동화 쓰는 일에 더욱 열심입니다. 지은 책으로 〈그리운 시냇가〉, 〈하늘로 날아간 집오리〉, 〈풀꽃과 친구가 되었어요〉, 〈물고기 박사 최기철 이야기〉 등이 있습니다.

이상락

1954년 전라남도 완도군의 생일도라는 작은 섬에서 태어났습니다. 1985년부터 작품 활동을 시작했습니다. 여러 해 동안 야간학교에서 공장근로자, 청소년들을 가르치기도 했습니다. 지은 책으로 소설집 〈동냥치 별〉, 꽁트집 〈지구는 가끔 독재자를 중심으로 돈다〉, 장편소설 〈누더기 시인의 사랑〉, 〈광대 선언〉, 소년소설 〈누가 호루라기를 불어줄까〉 등이 있습니다.

이수영

1953년 경기도 수원에서 태어났습니다. 곤충 전문 사진작가로 활동하고 있습니다. '한국의 곤충' '곤충의 세계' '이수영의 곤충여행' 등을 신문에 연재하였습니다. 〈야생벌〉, 〈개구리〉, 〈메뚜기〉, 〈사슴벌레〉, 〈곤충을 찾아서〉, 〈한국곤충생태도감〉(전 5권), 〈곤충의 비밀〉 등을 펴냈습니다.

이야기 동네

어린이들의 교육 문제와 올바른 글쓰기에 관심을 갖고 있는 김기명, 임덕연, 장주식 세 선생님이 만든 모임입니다. 좋은 책을 가려주는 일에 그치지 않고 직접 재미있고 유익한 글을 쓰는 일에 온 힘을 쏟고 있습니다. 펴낸 책으로 〈백두산 산삼과 메산이〉, 〈천지와 돌바늘〉, 〈일만이천봉 이야기 고개〉 등이 있습니다.

이완

1982년 10월 9일 한글날에 태어났습니다. 초등학교 2학년 때부터 글쓰기에 재주를 보였습니다. 아직 좋은 책을 많이 읽을 나이이지 글을 쓸 나이는 아니라는 것을 명심하고, 앞으로도 더욱 열심히 노력하겠다고 합니다. 〈뒷뚜르 이렁지의 하소연〉은 초등학교 3학년부터 쓰기 시작하여, 고치고 다시 써서 6학년 때 펴낸 것입니다.

이윤복(1951~1990)

경상북도 성주에서 태어났습니다. 어려운 가정 형편 탓에 또래 아이들보다 두 해 늦게 대구의 명덕초등학교를 다녔습니다. 〈저 하늘에도 슬픔이〉는 초등학교 4학년 때 쓴 일기를 책으로 묶은 것입니다. 1990년 아직 젊은 나이에 세상을 떠났습니다.

이청준

1939년 전라남도 장흥에서 태어났습니다. 서울대학교 독문학과를 졸업했습니다. 1965년부터 작품 활동을 시작했습니다. 장편 〈당신들의 천국〉, 〈낮은 데로 임하소서〉, 〈흰 옷〉, 중단편 〈서편제〉, 〈선학동 나그네〉, 단편집 〈선생님의 밥그릇〉 등의 작품이 있습니다.

이호철

1952년 경상북도 성주에서 태어났습니다. 안동교육대학에서 공부하고 경상북도에 있는 초등학교에서 어린이들을 가르쳐 왔습니다. 〈살아 있는 교실〉, 〈살아 있는 글쓰기〉, 〈살아 있는 그림 그리기〉, 〈재미있는 숙제, 신나는 아이들〉, 〈연필을 잡으면 그리고 싶어요〉 등의 책을 펴냈습니다.

이효성

1942년 경기도 용인에서 태어났습니다. 1969년부터 작품 활동을 시작하여 200여 권의 책을 지었습니다. 〈달과 뱃사공〉, 〈열두 대의 굴마차〉, 〈이야기하는 그림〉, 〈해상왕 장보고〉 등의 작품이 있습니다.

장 지오노(1895~1970)

프랑스 프로방스에서 태어났습니다. 1929년부터 작품 활동을 하기 시작했습니다. 이후 자연 상태의 생활 속에서 대지와 인간의 합일을 꿈꾸는 소설을 잇달아 내놓았습니다. 〈나무를 심은 사람〉, 〈목신의 3부작〉, 〈세계의 노래〉, 〈지붕 위의 경기병〉 등 30여 작품을 남겼습니다.

장세현

1968년 충청북도 영동에서 태어났습니다. 성균관대학교 국문학과를 졸업했습니다. 산속에서 토끼를 쫓던 호기심 가득한 소년의 감성으로 어린이를 위한 글을 쓰고 있습니다. 지은 책으로 〈세상 모든 화가들의 그림 이야기〉, 〈어린이를 위한 한국 명화 이야기〉, 〈태교 명화〉, 〈상상력 명화 여행〉, 〈우리 그림 진품명품〉 등이 있습니다.

정끝별

전라남도 나주에서 태어났습니다. 이화여대 국문학과를 졸업했습니다. 대학에서 학생들을 가르치면서 시를 쓰는 일과 평론 활동을 겸하고 있습니다. 시집 〈자작나무 내 인생〉, 〈흰 책〉, 시론집 〈패러디 시학〉, 평론집 〈오룩의 노래〉, 시선평론집 〈행복〉, 산문집 〈여운〉, 동시 모음집 〈시가 말을 걸어요〉 등을 펴냈습니다.

정란희

1969년 전라남도 무안에서 태어났습니다. 서울예술대학을 졸업했습니다. 어린이들에게 '바른 글쓰기, 좋은 책읽기'를 가르치며, 활발하게 작품 활동을 하고 있습니다. 〈엄마 신발 신고 뛰기〉(공저), 〈우리 이모는 4학년〉 등의 작품이 있습니다.

정호승

1950년 대구에서 태어났습니다. 경희대 국문학과를 졸업했습니다. 1979년에 첫 시집 〈슬픔이 기쁨에게〉를 낸 후, 〈서울의 예수〉, 〈새벽편지〉, 〈벽들은 따뜻하다〉 등의 시집을 냈습니다. 동시집으로 〈풀잎에도 상처가 있다〉, 동화집으로 〈바다로 간 까치〉, 〈슬픈 에밀레종〉, 〈산소처럼 소중한 정호승 동화집〉 등이 있습니다.

제인 구달

1934년 영국 런던에서 태어났습니다. 젊어서 아프리카로 건너가 평생 침팬지와 함께 살며 침팬지를 연구했습니다. 어린이와 청소년을 위한 '뿌리와 새싹' 사업을 벌이고 있습니다. 지은 책으로 〈인간의 그늘에서〉, 〈희망의 이유〉, 〈제인 구달의 사랑으로〉, 〈내가 사랑한 침팬지〉 등이 있습니다.

조호상

1963년 강원도 원주에서 태어났습니다. 1989년 시를 발표하면서 작품 활동을 시작했습니다. 장편소설 〈누가 나에게 이 길을 가라 하지 않았네〉, 동화 〈연오랑 세오녀〉, 〈아기 장수〉, 〈얘들아, 역사로 가자〉, 〈별난 재주꾼 이야기〉, 〈옥수수 박사 김순권 이야기〉 등을 썼습니다.

프랑수아 플라스

1957년 프랑스 에장빌에서 태어났습니다. 1987년 자신이 직접 그림을 그리그 글을 쓴 〈정복자의 책〉, 〈항해사들의 책〉, 〈탐험가들의 책〉, 〈상인들의 책〉을 발간했습니다. 〈마지막 거인〉을 발표하고는 작가이자 삽화가로 세상에 널리 알려졌습니다.

한상남

충청북도 제천에서 태어났습니다. 청주대학교 국문학과를 졸업했습니다. 시인이며 동화작가입니다. 지은 책으로 시집 〈눈물의 혼〉, 〈효 이야기〉, 동화 〈쉽게 풀이한 세계의 명언〉, 〈광개토대왕〉, 〈치즈가 무서워〉, 〈영원한 지식인 정약용〉 등이 있습니다.

그린이 소개

강우현

1953년 충청북도 단양에서 태어났습니다. 그림 작가, 캐릭터 디자이너로 활동하며, 대학에서 강의도 하고 있습니다. 〈소나기〉, 〈농구화〉, 〈선생님의 밥그릇〉 등에 그림을 그렸고, 〈싱싱〉, 〈랑랑〉 등 그림 동화를 발표했습니다.

고광삼

1966년 전라남도 함평에서 태어났습니다. 추계예술대학에서 동양화를 공부했습니다. 그린 책으로 〈종이 비행기〉, 〈돌탑 속에서 날아간 새〉, 〈하늘의 별은 몇 개일까?〉, 〈어린이 산해경〉 등이 있습니다.

김명심

홍익대학교에서 공예디자인을 전공했습니다. 어린이들의 건강하고 예쁜 모습을 담은 그림 그리기를 하고 있습니다. 그린 책으로 〈우리 겨레의 옛 이야기〉, 〈재치 넘치는 옛 이야기〉, 〈녹색 꼬리 도마뱀〉, 〈안녕, 내 친구 루트비히 판 베토벤〉 등이 있습니다.

권현진

동시와 함께 어우러지는 그림을 즐겨 그리는 화가입니다. 〈지혜로 여는 아침〉, 〈세 개의 창문〉, 〈참 좋은 동시 60〉, 〈내일도 부르는 노래〉, 〈별을 사랑하는 아이들아〉 등의 책에 그림을 그렸습니다.

김병하

1969년 전라남도 고흥에서 태어났습니다. 전남대학교에서 미술을 공부했습니다. 〈칠칠단의 비밀〉, 〈보리타작 하는 날〉, 〈나는 싸기대장의 형님〉, 〈당산나무 아랫집 계숙이네〉, 〈통일 할아버지 문익환〉 등 어린이 책과 〈역사신문〉, 〈한국생활사박물관〉 등에 그림을 그렸습니다.

김세현

1963년 충청남도 연기에서 태어났습니다. 경희대학교 미술과에서 동양화를 공부하고, 수묵화를 중심으로 회화 작업을 해왔습니다. 〈부숭이는 힘이 세다〉, 〈아름다

운 수탉〉, 〈모랫말 아이들〉, 〈저 하늘에도 슬픔이〉 등의 책에 그림을 그렸으며, 펴
낸 그림책으로 〈만년 샤쓰〉, 〈외딴 마을 외딴 집에〉 등이 있습니다.

김아영
김창완이 쓴 〈소금 장수의 재주〉에 그림을 그렸습니다.

김용철
1960년 강원도 양구에서 태어났습니다. 홍익대학교 서양학과를 졸업했습니다.
〈떠돌이 다섯 사람〉, 〈안중근〉, 〈다시 찾은 우리 신화〉, 〈일만이천봉 이야기 그개〉
등에 그림을 그렸습니다.

김우경
이효성이 쓴 〈해상왕 장보고〉의 그림을 그렸습니다.

김재홍
1958년 경기도 의정부에서 태어났습니다. 홍익대학교에서 서양화를 공부했습니
다. 〈쌀뱅이를 아시나요〉, 〈아버지의 눈물〉 등에 그림을 그렸습니다.

류제진
1974년에 태어났습니다. 중앙대학교에서 한국화를 전공했습니다. 출판 삽화가로
활동하고 있습니다. 〈찾아라. 고구려 고분벽화〉의 그림을 그렸습니다.

마이클 매커디
장 지오노의 〈나무를 심은 사람〉의 판화를 그렸습니다.

박병국
1964년 전라남도 광주에서 태어났습니다. 서울대학교에서 서양화를 전공하고 지
금껏 세밀화를 중심으로 그림을 그리고 있습니다. 그린 책으로 〈성난 수염〉, 〈물그
기 박사 최기철 이야기〉 등이 있습니다.

박선호
1964년 서울에서 태어났습니다. 서울대학교 서양화과를 나왔습니다. 〈새 박사
원병오 이야기〉 등 여러 어린이 책에 그림을 그렸습니다.

발터 트리어(1890~1951)

체코 프라하에서 태어났습니다. 뮌헨 예술학교에서 공부했고, 이후 베를린으로 이주했습니다. 에리히 캐스트너의 어린이 책에 그림을 그렸습니다. 〈로테와 루이제〉의 그림을 그렸습니다.

사석원

서울에서 태어났습니다. 동국대학교에서 한국화를 전공했습니다. 서울, 도쿄, 파리 등지에서 많은 개인전을 가졌습니다. 작품집으로 〈당나귀는 괜히 힘이 셉니다〉가 있고, 어린이 책 〈고양이가 내 뱃속에서〉, 〈돌부처님의 나들이〉, 〈시가 말을 걸어요〉 등에 그림을 그렸습니다.

성병희

1966년 서울에서 태어났습니다. 홍익대학교에서 서양화를 공부했습니다. 이금이의 동화집 〈영구랑 흑구랑〉은 처음으로 그린 어린이 책입니다.

송진헌

1962년 전라북도 군산에서 태어났습니다. 홍익대학교 서양화과를 졸업했습니다. 그린 책으로 〈돌아온 진돗개 백구〉, 〈아주 특별한 우리 형〉, 〈너도 하늘말나리야〉, 〈괭이부리말 아이들〉, 〈머피와 두칠이〉 등이 있습니다.

신혜원

1964년 경상북도 안동에서 태어났습니다. 이화여자대학교 서양화과를 졸업했습니다. 〈하느님의 눈물〉, 〈혼자 크는 아이〉, 〈굴참나무와 오색딱따구리〉, 〈쿨쿨 할아버지 잠 깬 날〉, 〈독도를 지키는 사람들〉, 〈누가 호루라기를 불어줄까〉 등 많은 어린이 책에 그림을 그렸습니다.

안드레바 예카체리나

〈세계의 음악 50선〉의 그림을 그렸습니다.

양상용

1963년 전라남도 화순에서 태어났습니다. 홍익대학교 동양화과를 졸업했습니다.

작품으로 〈아, 호동왕자〉, 〈바람의 아이〉, 〈고구마는 맛있어〉, 〈흰빛 검은빛〉 등이 있습니다.

원유미

1968년 서울에서 태어났습니다. 서울대학교 산업디자인과를 졸업했습니다. 그린 책으로 〈나와 조금 다를 뿐이야〉, 〈쓸 만한 아이〉, 〈사람이 아름답다〉, 〈우리 이모는 4학년〉, 〈아주 작은 학교〉, 〈전봇대 아저씨〉, 〈뒷뚜르 이렁지의 하소연〉, 〈우리 집 밥상〉 등이 있습니다.

이덕진

한상남이 쓴 〈영원한 지식인 정약용〉의 그림을 그렸습니다.

이반 야코블레비치 빌리빈느(1876~1942)

러시아의 성 페테르스부르크에서 태어났습니다. 러시아를 돌아다니며 발견한 민속적인 예술에서 영감을 받아 자신의 이야기 책에 직접 그림을 그렸습니다. 러시아의 예술을 새롭게 개발하여 전 세계에 알렸습니다. 〈마녀 바바야가가 살던 나라〉에 그림을 그렸습니다.

이준섭

강원도에서 태어났습니다. 홍익대 회화과에서 공부했습니다. 〈모래밭에 그리는 꿈〉, 〈동글이와 댕글이〉, 〈풀빛 일기〉, 〈옥수수 박사 김순권 이야기〉 등 어린이 책에 그림을 그렸습니다.

이희재

1952년 전라남도 완도의 신지도에서 태어났습니다. 1970년 만화계에 발을 디뎠습니다. 그린 책으로 〈악동이〉, 〈나의 라임오렌지 나무〉, 〈간판스타〉, 〈생명이 들려준 이야기〉 등이 있습니다.

자넷 컴페어

마가렛 데이브슨이 쓴 〈루이 브라이〉의 그림을 그렸습니다.

장양선

1968년 인천에서 태어났습니다. 이화여대를 졸업했습니다. 〈어린 나그네〉, 〈하늘로 날아간 집오리〉 등에 그림을 그렸습니다.

정수영

서울여자대학교에서 서양화를 공부했습니다. 그린 책으로 〈풀꽃과 친구가 되었어요〉, 〈시끌벅적 우리 장터〉, 〈눈나라에서 온 왕자〉, 〈내 이름은 별바라기꽃〉, 〈밥힘으로 살아온 우리 민족〉 등이 있습니다.

진정현

1974년 대전에서 태어났습니다. 단국대학교에서 시각디자인을 공부했습니다. 〈진바스 아뜰리에〉에서 글과 그림을 모두 보여 주었습니다. 그린 책으로 〈산소처럼 소중한 정호승 동화집〉 등이 있습니다.

최상훈

홍익대학교 서양화과를 졸업했습니다. 어린이들에게 지혜와 지식을 줄 수 있는 일러스트 작품을 그리고 있습니다. 그린 책으로 〈열아홉 개의 새카만 눈〉, 〈사막으로 간 느티나무〉, 〈세상 모든 음악가의 음악 이야기〉 등이 있습니다.

최정훈

1960년 서울에서 출생했습니다. 서울산업대 시각디자인과를 졸업했습니다. 일러스트레이터로 활동하고 있습니다. 〈할미꽃은 봄을 세는 술래란다〉의 그림을 그렸습니다.

허구

경기도 동두천에서 태어났습니다. 서울대학교 회화과를 졸업했습니다. 그린 책으로 〈왕이 된 소금장수 을불이〉, 〈도와 줘!〉, 〈내 친구 야야〉, 〈우리 집 밥상〉 등이 있습니다.

옮긴이 소개

김경온

연세대 불문학과를 졸업하고, 파리 12대학에서 불문학을 전공했습니다. 옮긴 책으로 〈나무를 심은 사람〉, 〈시 : 형식과 기능들〉, 〈비평의 비평〉 등이 있습니다.

김기태

고려대학교 법과대학을 졸업하고, 베트남 사이공 대학에서 베트남 어문학을 연구하였습니다. 대학에서 베트남어를 가르치고 있습니다. 베트남의 민화 모음집 〈쩌우 까우 이야기〉를 옮기고 엮었습니다.

김서정

중앙대학교 문예창작학과 박사과정을 수료했습니다. 어린이 책을 쓰기도 하고 어린이 책 번역도 하고 있습니다. 옮긴 책으로 〈동화, 꿈의 여행〉, 〈365일 동화 셋째 권〉, 〈로테와 루이제〉 등이 있습니다.

윤정임

1958년 인천에서 태어났습니다. 연세대학교 불문학과를 졸업하고 파리 제 10대학에서 공부했습니다. 옮긴 책으로 〈마지막 거인〉, 〈소설처럼 읽는 그리스 로마 신화〉, 〈랑베르씨〉, 〈마녀 바바야가가 살고 있는 나라〉 등이 있습니다.

이경혜

한국외국어대학교 불어교육과를 졸업했습니다. 영어와 불어로 된 책을 우리말로 옮기고, 좋은 동화를 쓰고 있습니다. 옮긴 책으로 〈꼬마 원시인 크로마뇽〉, 〈이고르와 나타샤〉, 〈명화 그리스 신화〉 등이 있고, 쓴 책으로 〈마지막 박쥐공주 미가야〉, 〈선암사 연두꽃잎 개구리〉 등이 있습니다.

이양숙

대학에서 특수교육을 전공했습니다. 미취학 장애 아동을 위한 특수학급을 맡아 가르치고 있습니다. 〈루이 브라이〉를 옮겼습니다.

장수철

1965년 중국 용정에서 태어났습니다. 연변대학 어문학부를 졸업했습니다. 중국 청년작가상과 중국청년우수편집상을 수상했습니다. 옮긴 책으로 〈삼국연의〉, 〈로신선집〉, 〈곽말약선집〉, 〈어린이 산해경〉 등이 있습니다.

햇살과 나무꾼

동화를 사랑하는 사람들이 모여 만든 기획실입니다. 세계 곳곳의 좋은 작품들을 찾아 우리말로 소개하고 아이들의 정신에 지식의 씨앗을 뿌리는 책을 쓰고 있습니다. 옮긴 책으로 〈화요일의 두꺼비〉, 〈학교에 간 사자〉, 〈한밤중 톰의 정원에서〉, 〈프린들 주세요〉, 〈시튼 동물기〉 등이 있고, 직접 쓴 책으로 〈아낌없이 주는 친구들〉, 〈위대한 발명품이 나를 울려요〉 등이 있습니다.

찾아보기

§ ㄱ §

곤충의 비밀 | 94

§ ㄴ §

나무를 심은 사람 | 54
내가 사랑한 침팬지 | 135
누가 호루라기를 불어줄까 | 154

§ ㄷ §

당산나무 아랫집 계숙이네 | 77
뒷뚜르 이렁지의 하소연 | 95

§ ㄹ §

로테와 루이제 | 86
루이 브라이 | 134

§ ㅁ §

마녀 바바야가가 살던 나라 | 106
마지막 거인 | 55
머피와 두칠이 | 153

명화 그리스 신화 | 105
물고기 박사 최기철 이야기 | 65

§ ㅂ §

밥 힘으로 살아온 우리 민족 | 144
별을 사랑하는 아이들아 | 155

§ ㅅ §

산소처럼 소중한 정호승 동화집 | 164
새 박사 원병오 이야기 | 65
생명이 들려준 이야기 | 163
석주명 | 64
선생님의 밥그릇 | 162
세계의 음악 50선 | 122
소금장수의 재주 | 143
시가 말을 걸어요 | 165
시튼 동물기 1~5 | 114
쌀뱅이를 아시나요 | 75

§ ㅇ §

아주 작은 학교 | 84

아주 특별한 우리 형 | 76

안녕, 내 친구 루트비히 판 베토벤 | 123

어린이 산해경 | 104

연필을 잡으면 그리고 싶어요 | 125

영구랑 흑구랑 | 87

영원한 지식인 정약용 | 133

옥수수 박사 김순권 이야기 | 67

우리 그림 진품명품 | 124

우리 이모는 4학년 | 74

우리 집 밥상 | 97

일만이천봉 이야기 고개 | 142

§ ㅈ §

저 하늘에도 슬픔이 | 152

쩌우 까우 이야기 | 145

§ ㅊ §

찾아라, 고구려 고분벽화 | 107

§ ㅍ §

프린들 주세요 | 85

§ ㅎ §

하늘로 날아간 집오리 | 96

할미꽃은 봄을 세는 술래란다 | 56

해상왕 장보고 | 132

흰빛 검은빛 | 57

정답

3월

〈나무를 심은 사람〉 ① 프랑스, 프로방스 ② 쇠막대기 ③ 혼, 인격

〈마지막 거인〉 ① 늙은 뱃사람 ② 문신 ③ 명예욕

〈할미꽃은 봄을 세는 술래란다〉 ① 작아집니다. ② 나비 ③ 이른 봄

〈흰빛 검은빛〉 ① 어머니 ② 오봉산 ③ 스님들

4월

〈석주명〉 ① 꽃가꾸기 ② 다섯 종류 ③ 〈조선산 나비 총목록〉

〈물고기 박사 최기철 이야기〉 ① 한밭 ② 가미타라 ③ 50년

〈새 박사 원병오 이야기〉 ① 자연 ② 북방쇠찌르레기 ③ 십장생

〈옥수수 박사 김순권 이야기〉 ① 울산농업고등학교 ② 세 차례 ③ 스트라이가

5월

〈우리 이모는 4학년〉 ① 쉰둥이 ② 팽이 ③ 고무신

〈쌀뱅이를 아시나요〉 ① 사진작가 ② 명랑 할매 ③ 미국

〈아주 특별한 우리 형〉 ① 몰랐습니다. ② 기도 ③ 전동 바퀴의자

〈당산나무 아랫집 계숙이네〉 ① 할머니 ② 여섯 개 ③ 중국

6월

〈아주 작은 학교〉 ① 경삼 ② 썰매 ③ 살구나무

〈프린들 주세요〉 ① 낱말 시험 ② 버드 ③ 편지

〈로테와 루이제〉 ① 산 ② 지휘자 ③ 불쌍한 사람

〈영구랑 흑구랑〉 ① 비 ② 배나무 ③ 칠뜨기 아저씨

7월

〈곤충의 비밀〉 ① 장수풍뎅이 ② 털매미, 늦털매미, 유지매미, 좀깽깽매미, 참깽깽매미, 깽깽매미, 산깽깽매미, 말매미, 봄매미, 저녁매미, 참매미, 애매미, 소요산매미, 풀매미, 고려풀매미, 호좀매미, 두눈박이좀매미 중에서 다섯 개만 쓰세요. ③ 줄고 있습니다.

〈뒷뚜르 이렁지의 하소연〉 ① 100~150개 ② 부식토 ③ 뿌리

〈하늘로 날아간 집오리〉 ① 수달 ② 나 ③ 구렁이, 살쾡이, 너구리

〈우리 집 밥상〉 시 한 편 쓰기

8월

〈어린이 산해경〉 ① 사람 ② 항아 ③ 계

〈명화 그리스 신화〉 ① 불 ② 자기 자신 ③ 사람

〈마녀 바바야가가 살던 나라〉 ① 세 켤레 ② 인형 ③ 이반 왕자

〈찾아라, 고구려 고분벽화〉 ① 사신도 ② 동맹 ③ 41007

9월

〈시튼 동물기 1~5〉 ① 마음대로 쓰세요. ② 마음대로 쓰세요. ③ 마음대로 쓰세요.

10월

〈세계의 음악 50선〉 ① 오데트 ② 기타와 오케스트라 ③ 나비부인, 라 보엠, 토스카 중에서 하나만 쓰세요.

〈안녕, 내 친구 루트비히 판 베토벤〉 ① 라인강 ② 테레제 ③ 2만여 명

〈우리 그림 진품명품〉 ① 200~300여 점 ② 세 부분 ③ 칠칠이

〈연필을 잡으면 그리고 싶어요〉 ① 없습니다. ② 윤영웅 ③ 마음대로 쓰세요.

11월

〈해상왕 장보고〉 ① 청년 ② 법화원 ③ 청해진 대사

〈영원한 지식인 정약용〉 ① 천주교 ② 정조 ③ 다산

〈루이 브라이〉 ① 세 살 때 ② 폐결핵 ③ "고맙습니다."

〈내가 사랑한 침팬지〉 ① 탄자니아 곰베 국립공원 ② 싸웁니다. ③ 아프리카

12월

〈일만이천봉 이야기 고개〉 ① 생각대로 쓰세요. ② 미출암 ③ 높이 90미터, 너비 30미터

〈소금장수의 재주〉 ① 굵은 밧줄 ② 거짓말 ③ 목걸이

〈밥 힘으로 살아온 우리 민족〉 ① 떡국 ② 송편 ③ 팥죽

〈쩌우 까우 이야기〉 ① 마음대로 쓰세요. ② 마음대로 쓰세요. ③ 마음대로 쓰세요.

1월

〈저 하늘에도 슬픔이〉 ① 네 명 ② 다방 ③ 김동식 선생님

〈머피와 두칠이〉 ① 귀 ② 약 ③ 기다리고 있었습니다.

〈누가 호루라기를 불어줄까〉 ① 동그라미 ② 아빠 ③ 행복한 아이

〈별을 사랑하는 아이들아〉 시 한 편 쓰기

2월

〈선생님의 밥그릇〉 ① 천도 복숭아 ② 베스 ③ 동백나무

〈생명이 들려준 이야기〉 ① 돈독 영감 ② 칼끝 ③ 썩지 않는 보자기(비닐)

〈산소처럼 소중한 정호승 동화집〉 ① 종소리 ② 꿀단지 ③ 빠져 나갔습니다.

〈시가 말을 걸어요〉 ① 마음대로 쓰세요. ② 강아지, 참새, 쥐, 개미 ③ 다섯 번

행복한 논술
초등학고 4학년

2007년 5월 4일 초판 1쇄 인쇄
2007년 5월 10일 초판 1쇄 발행

글쓴이 김옥련 · 최종수
펴낸곳 도서출판 역민사
편 집 강면실
디자인 이성휴
마케팅 김인호

등 록 1979. 2. 23. 서울 제 10-82
주 소 100-013 서울 중구 충무로 3가 59-23
전 화 2274-9411
팩 스 2268-3619
e-mail ymsbp@yahoo.co.kr
copyright ⓒ 김옥련 · 최종수

ISBN 978-89-85154-33-8 63710
값 8,000원